Honorarordnung für Architekten und Ingenieure (HOAI)

Nr. 20

Abgrenzung der Vergütung von Freianlagen und Verkehrsanlagen nach der HOAI 2013

Stand: April 2019

erarbeitet von der
AHO-Fachkommission „Freianlagenplanung"

3., vollständig überarbeitete und aktualisierte Auflage

Ausschuss der Verbände und Kammern
der Ingenieure und Architekten
für die Honorarordnung e.V.

Bundesanzeiger Verlag

Bibliografische Information Der Deutschen Bibliothek
Die Deutsche Bibliothek verzeichnet diese Publikation in der Deutschen Nationalbibliografie; detaillierte bibliografische Daten sind im Internet über: http://dnb.ddb.de abrufbar.

Herausgeber: AHO e.V.
Tauentzienstraße 18
10789 Berlin
Telefon: (030) 31 01 917-0
Telefax: (030) 31 01 917-11
E-Mail: aho@aho.de

Redaktionelle Bearbeitung: AHO-Fachkommission „Freianlagenplanung"
unter Einbindung aller AHO-Fachkommissionen

Dieses Heft erscheint im Rahmen der AHO-Schriftenreihe als unverbindliche Honorierungsempfehlung und Praxishilfe. Bei der Zusammenstellung des Inhalts wurde mit größter Sorgfalt vorgegangen. Haftungsansprüche gegen den Herausgeber, die Autoren oder den Verlag sind jedoch ausgeschlossen.

ISBN 978-3-8462-0825-0

3., vollständig überarbeitete und aktualisierte Auflage April 2019
2., überarbeitete Auflage September 2011

Mitglieder der AHO-Fachkommission „Freianlagenplanung"

Dipl.-Ing. Dieter Herrchen (Leiter der Fachkommission), Wiesbaden

Dipl.-Ing. (FH) Klaus-Dieter Aichele, Mainz

Dipl.-Ing. (FH) Fritz Erhard, Lenggries

Dipl.-Ing. (FH) Dieter Pfrommer, Stuttgart

Dipl.-Ing. (FH) Matthias Schmauder-Werner, Speyer

Dipl.-Ing. Karsten Standke, Mittenwalde

Dipl.-Ing. (FH) Hubert Wendler, München

Allgemeines Vorwort zur AHO-Schriftenreihe

Eine für Auftraggeber und Auftragnehmer transparente und nachvollziehbare Honorarermittlung gibt Orientierung im Vergabeprozess, unterstützt die vertragliche Vereinbarung im Einzelfall und hilft damit nicht zuletzt, zeitaufwendige und kostenträchtige Streitfälle zu verhindern. Honorare sollten daher systematisiert, nachvollziehbar und möglichst einheitlich ermittelt werden.

Die Honorarordnung für Architekten und Ingenieure (HOAI) ermöglicht eine angemessene Honorarfindung und gibt gleichzeitig dem Auftraggeber die notwendige Kostensicherheit. Aber auch für frei zu vereinbarende Besondere Leistungen sowie Planungsleistungen, die nicht verbindlich in der HOAI geregelt sind, besteht ein großes praktisches Bedürfnis an Richtwerten und Empfehlungen zur systematischen Honorarermittlung. Der AHO hat es sich mit seinen mehr als 24 Fachkommissionen und Arbeitskreisen zur Aufgabe gemacht, diese Lücke zu füllen. Seit 1987 werden die Beratungsergebnisse der mit Ingenieuren, Architekten und Stadtplanern interdisziplinär besetzten Arbeitsgremien in der „Grünen Schriftenreihe" veröffentlicht und erfreuen sich zunehmender Nachfrage, nicht zuletzt, weil die Spezialisierung der Planung angesichts zunehmender Komplexität stetig steigt.

Im Gegensatz zu den Grundleistungen gemäß § 3 Abs. 2 HOAI, die in den einzelnen Leistungsbildern als Vergütungstatbestände abschließend und verbindlich geregelt sind, werden Besondere Leistungen in den Anlagen der HOAI zwar beispielhaft und unverbindlich aufgeführt, jedoch nicht näher definiert. § 3 Abs. 3 HOAI enthält lediglich den Hinweis, dass die Aufzählung der Besonderen Leistungen in der HOAI nicht abschließend ist. Dementsprechend beinhaltet die AHO-Schriftenreihe z.B. Leistungsbilder und Honorierungsempfehlungen für Leistungen des Brandschutzes, der Verkehrsplanung oder der Ingenieurvermessung.

Die Honorare für Besondere Leistungen können formlos vereinbart werden. Seit 2009 bedarf es keiner schriftlichen Vereinbarung mehr als Anspruchsvoraussetzung für ein zusätzliches Honorar. Besondere Leistungen können auch in anderen als den angeführten Leistungsbildern oder Leistungsphasen vereinbart werden, soweit sie dort keine Grundleistungen darstellen. In der AHO-Schriftenreihe werden Besondere Leistungen als Anwendungshilfe für Auftragnehmer und Auftraggeber in dem jeweiligen Einzelfall praxisnah beschrieben und regelmäßig aktualisiert. Diesen Leistungen werden jeweils, soweit dies möglich ist, unverbindliche Honorierungsempfehlungen gegenübergestellt.

Bei den in der HOAI genannten Grund- und Besonderen Leistungen handelt es sich um preisrechtliche Bestimmungen zur Honorarermittlung und damit um Vergütungstatbestände. Der werkvertraglich geschuldete Erfolg und die damit tatsächlich zu erbringenden Planungsleistungen bestimmen sich allein nach der vertraglichen Vereinbarung der Parteien.

Diesem Grundprinzip folgt die AHO-Schriftenreihe. Die in den Grünen Heften entsprechend der HOAI-Terminologie genannten Grund- und Besonderen Leistungen sind durchgängig als empfehlende Vergütungstatbestände zu verstehen. Auch in diesem Fall bestimmen sich die geschuldeten Planungsleistungen ausschließlich nach den Vereinbarungen im jeweiligen Architekten- oder Ingenieurvertrag.

Vorwort

Die HOAI regelt das Preisrecht der Leistungen von Architekten und Ingenieuren bekanntlich nicht berufsbezogen, sondern leistungsbezogen. Jeder Auftragnehmer von Planungsleistungen hat sich für von ihm erbrachte Grundleistungen der Leistungsbilder, die in der HOAI preisrechtlich geregelt sind, an das dort dargelegte Ordnungsgerüst zu halten.

Wenn Auftragnehmer verschiedene Leistungen erbringen, die jeweils gesondert in der HOAI geregelt sind, müssen die jeweiligen Regelungen der HOAI auch getrennt angewandt werden. Dies gilt selbstverständlich auch für Objekte der Freianlagen nach Abschnitt 2 und für Verkehrsanlagen nach Abschnitt 4 der HOAI.

Die Regelungen der HOAI sind hierbei nicht immer hilfreich. So wird z.B. in § 45 Nr. 1 HOAI bestimmt, dass selbstständige Rad-, Geh- und Wirtschaftswege keine Objekte der Verkehrsanlagen sind, dabei wird aber offengelassen, welchen Objekten solche Wege zugeordnet werden sollen.

Mit den Objektlisten ergeben sich zudem in den für die Abgrenzung wesentlichen Objektbegriffen der HOAI missverständliche Dualitäten. So z.B., wenn in der Objektliste für Freianlagen Objekte wie Stadtplätze, Fußgängerbereiche etc. beschrieben werden und in der Objektliste für Verkehrsanlagen ähnliche Objekte aufgelistet sind.

In vielen Fällen geht es um kombinierte Aufgaben, die nicht zusammengefasst einem Objekt zugeordnet werden können, sondern eine preisrechtliche Trennung im Sinne von § 11 Abs. 1 HOAI in mehrere Objekte (etwa in Objekte der Freianlagen und der Verkehrsanlagen) erfordern, auch wenn eine solche Planung an einen Auftragnehmer beauftragt wird. So setzt sich eine innerörtliche Umgestaltung von Platz- und Straßenräumen beispielsweise aus Objekten der Freianlagen (Stadtplätze und/oder Fußgängerbereiche) und Objekten der Verkehrsanlagen (Straßen, Plätze, Wege, soweit diese selbstständig sind, und/oder Parkplätze) zusammen, die als jeweilige Objekte gelten und gesondert zu vergüten sind. Hinzu kommt, dass Leistungen für solche Objekte in Objektplanungen (der Freianlagen und/oder der Verkehrsanlagen) und Fachplanungen (der Tragwerksplanung und/oder der Technischen Ausrüstung) zu trennen sind.

Neben solchen vielschichtigen Regelungen kommt es immer wieder zu interessengeprägten Vertragsvereinbarungen, die sich aus dem Umstand ergeben, dass ein Vergleich der Honorartafeln für Freianlagen und Verkehrsanlagen niedrigere Tafelwerte in der Honorartafel für Verkehrsanlagen zeigt. Diese vermeintlich niedrigere Vergütung verkennt den Umstand, dass der in den Tafelwerten enthaltene Leistungsumfang ungleich ist: Während Leistungen für die Objektüberwachung für Freianlagen zum Leistungsbild gehören und deren Vergütungen in den Tafelwerten enthalten sind, sind die Leistungen für die örtliche Bauüberwachung sowie weitere Leistungen nicht im Leistungsbild für Verkehrsanlagen und nicht in den Tafelwerten enthalten. Letztere werden vielmehr unter „Besonderen Leistungen" geführt (vgl. Anlage 13 Nr. 13.1 der HOAI) und sind gesondert zu vergüten.[1]

Auch nach über 30 Jahren der Koexistenz von Vergütungsregelungen für Objekte der Freianlagen und der Verkehrsanlagen ist festzustellen, dass sich die Praxis mit der Anwendung der HOAI schwertut. Wie in den Vorauflagen ist ein wesentliches Ziel dieses Heftes, dass verordnungswidrige Zuordnungen und Vertragsvereinbarungen mit Unterschreitun-

1 Vgl. Heft Nr. 2 der Schriftenreihe des AHO, S. 6 ff.

gen von Mindestsätzen oder Überschreitungen von Höchstsätzen, deren spätere Richtigstellung für den Auftraggeber wie Auftragnehmer konfliktbehaftet sein kann, vermieden werden. Wie alle „Grünen Hefte" der gleichnamigen Schriftenreihe des AHO ist auch dieses Heft als Arbeitshilfe für alle Beteiligten gedacht, um sich in den Fragen zur Vergütung unter Vermeidung von Meinungsverschiedenheiten zurechtzufinden und das geltende Preisrecht korrekt anzuwenden.

Nachdem sich die einschlägigen Regelungen mit der Novelle der HOAI 2013 teilweise geändert haben, hat die Fachkommission „Freianlagenplanung" die Darlegungen in dieser 3. Auflage vollständig überarbeitet und aktualisiert. In den Vorauflagen (in der 1. Auflage 2007 für die HOAI 2002 und in der 2. Auflage 2011 für die HOAI 2009) hatte sich das Heft auch der Abgrenzung/Zuordnung von Objekten der Freianlagen und solchen der Ingenieurbauwerke gewidmet. Aufgrund diverser Besonderheiten in der Abgrenzung und Vergütung der Objekte der Ingenieurbauwerke werden mit dieser 3. Auflage insbesondere Fragen der Abgrenzung/Zuordnung von Objekten der Freianlagen zu solchen der Verkehrsanlagen erörtert.

Wie die Vorauflagen durchlief auch dieses Heft das Sichtungs- und Prüfungssystem des AHO und wird von allen mehr als 24 Fachkommissionen und Arbeitskreisen und den darin tätigen Fachleuten aus 20 Verbänden und 22 Kammern des Planungswesens bestätigt und getragen. Es dokumentiert dabei, dass der AHO mit dem geltenden Preisrecht der Honorarordnung für Architekten und Ingenieure (HOAI) nicht berufsbezogen, sondern leistungsbezogen denkt und handelt und im Querschnitt für alle daran beteiligten Disziplinen und Berufsgruppen tätig ist.

Für das Engagement und die Unterstützung aller Fachkommissionen sei hiermit besonders gedankt. Ein weiterer Dank gilt der Mitwirkung des Geschäftsführers des AHO, Herrn Rechtsanwalt Ronny Herholz, Frau Rechtsanwältin Dr. Maria-Rebecca Legat sowie den Mitarbeiterinnen der Geschäftsstelle des AHO.

Berlin, im April 2019

Dieter Herrchen

– Leiter der AHO-Fachkommission „Freianlagenplanung" –

Der nachfolgende Text verzichtet auf den unterschiedlichen Gebrauch von weiblichen und männlichen Berufsbezeichnungen und verwendet die Begriffe Objektplaner, Fachplaner, Auftragnehmer, Ingenieur, Architekt, Landschaftsarchitekt, Gebäudeplaner, Freianlagenplaner etc. als Oberbegriff bzw. nach den Formulierungen der HOAI selbst.

Inhaltsverzeichnis

1 Allgemeines zum Preisrecht

Alle nachfolgend genannten Paragrafen beziehen sich, soweit nichts anderes angegeben ist, auf die HOAI 2013, die am 17.7.2013 in Kraft getreten ist.

Alle Darlegungen und Erläuterungen stellen den Sachstand dar, der sich aus der HOAI 2013, aus kursiv zitierten Publikationen, Kommentaren und der Rechtsprechung ergibt.

Die HOAI regelt nur das Preisrecht:

Als leistungsrechtliche Vereinbarung, die den zu erbringenden Leistungsumfang regelt, gilt nicht die HOAI, sondern es gelten die einschlägigen Vereinbarungen im Architekten-/ Ingenieurvertrag. Es steht den Parteien frei, die in der HOAI beschriebenen Leistungsbilder für die vertragliche Vereinbarung der Leistungen, auch bei der Beauftragung von Teilleistungen heranzuziehen oder andere Leistungen zu vereinbaren.

Die HOAI bestimmt nur die Vergütung für bestimmte Leistungsbilder:

In der HOAI sind Leistungsbilder für Flächenplanung (Bauleitplanung und Landschaftsplanung in Teil 2), Objektplanung (Gebäude, Innenräume, Freianlagen, Ingenieurbauwerke und Verkehrsanlagen in Teil 3) und Fachplanung (Tragwerke und Anlagen der Technischen Ausrüstung in Teil 4) und für Beratungsleistungen (in Anlage 1) erfasst. Sie enthält hierzu die damit notwendigen Angaben zur Abgrenzung zwischen einzelnen Leistungsbildern.

Die HOAI regelt nur die Vergütungen für Grundleistungen:

Als „Grundleistungen" definiert § 3 Abs. 2 HOAI Leistungen, die zur ordnungsgemäßen Erfüllung eines Auftrags im Allgemeinen erforderlich und in Leistungsbildern erfasst sind. Soweit die gestellte Aufgabe einem der Leistungsbilder der Flächenplanung (Bauleitplanung und Landschaftsplanung), Objektplanung (Gebäude, Innenräume, Freianlagen, Ingenieurbauwerke und Verkehrsanlagen) und Fachplanung (Tragwerke und Anlagen der Technischen Ausrüstung) zugeordnet wird, ist für die jeweiligen Grundleistungen eine Vergütung nach Honorarsätzen und Tafelwerten der HOAI geboten.

Nicht als „Grundleistungen" im konkret anzuwendenden Leistungsbild der HOAI erfasste Leistungen gelten als „Besondere Leistungen" (siehe hierzu auch Anhang A, unter A2). Deren Vergütung kann nach § 3 Abs. 3 HOAI frei vereinbart werden.

Grundsätze der Vergütungen für Grundleistungen der Leistungsbilder der Objektplanung:

Vergütungen für „Grundleistungen" aller Leistungsbilder der Objektplanung in Teil 3 der HOAI werden nach folgenden Schritten bemessen:

- durch Zuordnung des Objekts zu einem Leistungsbild der HOAI, das für die zu vergütenden Grundleistungen zutrifft;
- durch Feststellung der Anforderungen der Planung (Honorarzone), die für das Objekt zutreffen, anhand der individuellen aufgaben- und objektspezifischen Bedingungen;

- durch Feststellung der anrechenbaren Kosten des Objekts; in den Fällen von § 4 Abs. 2 HOAI unter Einbeziehung von ortsüblichen Preisen und unter angemessener Berücksichtigung des Umfangs an mitzuverarbeitender Bausubstanz nach § 4 Abs. 3 HOAI;
- durch Feststellung der Tafelwerte der für das Objekt zutreffenden Honorartafel anhand des vereinbarten Honorarsatzes;
- durch Berechnung mit den für das Objekt bestimmten Leistungsumfängen und vertraglich vereinbarten Prozentsätzen der betreffenden Leistungsphasen.

Im Fall von Umbauten oder Modernisierungen von Objekten:

- durch Bezuschlagung mit dem vereinbarten Umbau- oder Modernisierungszuschlag;

und im Fall von Instandhaltungen oder Instandsetzungen von Objekten:

- durch Erhöhung des Prozentsatzes nach § 12 Abs. 2 HOAI.

2 HOAI – Legaldefinitionen für Objekte

§ 2 Nr. 1 HOAI bestimmt, wie die HOAI nach Objekten trennt:

> *„Objekte" sind Gebäude, Innenräume, Freianlagen, Ingenieurbauwerke, Verkehrsanlagen. Objekte sind auch Tragwerke und Anlagen der Technischen Ausrüstung.*

Die Zuordnung der unterschiedlichen Objekte zu den jeweils zutreffenden Abschnitten und Leistungsbildern der HOAI leitet sich aus dem Planungsgegenstand ab.

Hierzu sind maßgeblich:

- die Aufgabenstellung für das Objekt durch den Auftraggeber,
- die Allgemeinen Regelungen in Teil 1 der HOAI,
- die weiteren Begriffsbestimmungen und Zuordnungsregeln in den einzelnen Abschnitten der Teile 3 und 4 der HOAI.

In § 11 Abs. 1 HOAI wird bestimmt, dass, soweit eine Aufgabenstellung mehrere Objekte umfasst, die Honorare vorbehaltlich der Absätze 2 bis 4 für jedes Objekt getrennt zu berechnen sind. Die in § 37 Abs. 1 HOAI enthaltenen Ausnahmeregelungen des Bagatellfalls eines kleinen Objekts der Freianlagen im Zusammenhang mit Leistungen für Gebäude betreffen nicht die Vergütungen für Objekte der Freianlagen bzw. der Verkehrsanlagen. Deshalb ist festzuhalten, dass diese Objekte stets getrennt zu vergüten sind.

2.1 Aufgabenstellung für mehrere Objekte

Die Begriffsbestimmung für Objekte in § 2 Abs. 1 HOAI macht deutlich, dass alle Bauwerke und Anlagen in der Regel verschiedene Objekte umfassen. Je nach Aufgabenstellung z.B.:

- Bei Planungen im Hochbau sind zum einen Objekte der Gebäude und der Innenräume, aber auch Objekte der Tragwerke und der Anlagen der Technischen Ausrüstung gegeben, im Fall von Hof,- Dach- oder Tiefgaragengestaltungen darüber hinaus Objekte der Freianlagen am oder auf dem Bauwerk.
- Bei Planungen im Ingenieurbau als Deponien sind zum einen Objekte der Ingenieurbauwerke, zum anderen aber auch solche der Verkehrsanlagen und Freianlagen gegeben, im Fall einer Deponiegasfassung kommen darüber hinaus weitere Objekte der Ingenieurbauwerke (Gasfassung) und solche der Technischen Ausrüstung, im Fall von Infrastrukturen wie Waage/Büro/Sozialbereich zudem weitere Objekte der Ingenieurbauwerke, der Gebäude, der Tragwerke und der Technischen Ausrüstung hinzu.
- Bei Planungen im Ingenieurbau gehören beispielsweise Straßen mit unselbstständigen Wegen zu den Objekten der Verkehrsanlagen und Begleitgrün zu den Objekten der Freianlagen, Maßnahmen an Kanalnetzen und anderen Spartentrassen zu den Objekten der Ingenieurbauwerke (bei Schachtbauten können zudem Objekte als Tragwerke hinzukommen) und der Anlagen der Technischen Ausrüstung.
- Bei Planungen für Sportanlagen handelt es sich um Objekte der Freianlagen sowie im Fall von Bewässerungsanlagen mit zuführenden Leitungsnetzen, Flutlichtanlagen und

anderen Spartentrassen auch um Objekte der Ingenieurbauwerke und der Anlagen der Technischen Ausrüstung. Bei Baulichkeiten für Regie- und Steueranlagen können zudem Objekte als Gebäude, als Ingenieurbauwerke und als Tragwerke hinzukommen.

2.2 HOAI – Legaldefinitionen für Objekte der Freianlagen und Verkehrsanlagen

Wie sich Objekte definieren und insoweit voneinander zu unterscheiden und zu trennen sind, ist in der HOAI anhand von sogenannten „Legaldefinitionen" bestimmt. Die Legaldefinition für Objekte der Freianlagen findet sich seit der HOAI 2013 nicht mehr in Teil 1 (vorher in § 2 Nr. 11 HOAI 2009), sondern in Teil 3 als § 39 Abs. 1 HOAI:

> *„Freianlagen" sind planerisch gestaltete Freiflächen und Freiräume sowie entsprechend gestaltete Anlagen in Verbindung mit Bauwerken oder in Bauwerken und landschaftspflegerische Freianlagenplanungen in Verbindung mit Objekten.*

Die Legaldefinition für Objekte der Verkehrsanlagen ist ebenfalls in Teil 3 der HOAI, unter Abschnitt 4 zu finden. Sie bestimmt dort allerdings nicht den Begriff, sondern formuliert den Anwendungsbereich:

> *„Verkehrsanlagen" sind nach § 45 HOAI:*
>
> 1. *Anlagen des Straßenverkehrs, ausgenommen selbstständige Rad-, Geh- und Wirtschaftswege und Freianlagen nach § 39 Abs. 1,*
> 2. *Anlagen des Schienenverkehrs und*
> 3. *Anlagen des Flugverkehrs.*

3 Zuordnung von Objekten der Freianlagen und der Verkehrsanlagen nach der HOAI

Die Abgrenzung und Zuordnung von Objekten der Freianlagen und solchen der Verkehrsanlagen ergibt sich aus verschiedenen Maßgaben, die nebeneinander zu beachten sind.

Nachfolgend werden diese Maßgaben erörtert und in ihrer Rangfolge eingeordnet.

3.1 Zuordnung nach Legaldefinition

3.1.1 Objekte der Freianlagen

Nach der Legaldefinition in § 39 Abs. 1 HOAI ist festzustellen, dass für Objekte der Freianlagen maßgeblich ist, ob es sich um

- planerisch gestaltete Freiflächen oder Freiräume,
- planerisch gestaltete Freiflächen oder Freiräume in Verbindung mit Bauwerken,
- planerisch gestaltete Freiflächen oder Freiräume in Bauwerken oder
- landschaftspflegerische Planungen in Verbindung mit Objekten

handelt.

Die Begriffsbestimmung für Freianlagen in § 39 Abs. 1 HOAI legt keine Anwendungsbereiche fest, wie dies etwa in § 45 HOAI für Verkehrsanlagen der Fall ist. Deshalb ist dem Wortlaut entsprechend vorzugehen.

Als planerisch gestaltete Freiflächen oder Freiräume **ohne Verbindung mit Bauwerken** gelten z.B.:

- Sportanlagen in der Landschaft, Parcours,
- Spielwiesen, Spielplätze, Ballspielplätze, Bolzplätze.

Zu planerisch gestalteten Freiflächen oder Freiräumen **in Verbindung mit Bauwerken** zählen:

- Begleitgrün zu Objekten, Bauwerken und Anlagen,
- Schulgärten, Schul- und Pausenhöfe,
- Hausgärten, Gartenhöfe, Terrassen- und Dachgärten, Innenhöfe,
- Freilichtbühnen, zoologische und botanische Gärten,
- Fußgängerbereiche und Stadtplätze.

Darüber hinaus können Objekte der Freianlagen auch in Bauwerken liegen. Zu planerisch gestalteten Freiflächen oder Freiräumen **in Bauwerken** zählen z.B.:

- Indoor-Sportanlagen, -Landschaften und -Parcours,
- Hallenschauen,
- Bauwerke und Anlagen als planerisch gestaltete Freiflächen, die zeitweise überdacht bzw. eingehaust werden,
- Innenbegrünungen.

Der weitere mit der HOAI 2013 zusätzlich erfasste Fall der „**landschaftspflegerischen Freianlagenplanungen in Verbindung mit Objekten**" ergänzt für Aufgabenbereiche mit landschaftspflegerischer Prägung:

- Pflanzungen in der freien Landschaft, Flächen für den Arten- und Biotopschutz,
- Begleitgrün zu Objekten, Bauwerken und Anlagen.

Die Formulierung der Legaldefinition der Freianlagen ist auf die planerische Gestaltung gerichtet. Sie umfasst neben planerisch gestalteten Freiflächen und Freiräumen insbesondere auch „entsprechend gestaltete Anlagen" in Verbindung mit oder in Bauwerken (aller Art). Dies belegt, dass der Verordnungsgeber die gestalterische Prägung von Planungsleistungen als wesentliches Merkmal für eine Zuordnung von Objekten zu Freianlagen versteht.

Die Abgrenzung der Legaldefinition für Objekte der Freianlagen zu denen für Objekte der Verkehrsanlagen kann im Einzelfall schwierig sein, weil die für Freianlagen genannte Voraussetzung „planerisch gestaltete Freifläche oder Freiräume" je nach Aufgabenstellung auch für Anlagen des Straßen-, Schienen- oder Flugverkehrs unterstellt werden kann. Im Grunde ergibt sich aber für Objekte der Verkehrsanlagen eine andere Aufgabenstellung, nämlich die bei solchen Bauten und Anlagen gebotene technisch-funktionale Prägung.

Wer beispielsweise die Planungsaufgabe für einen Parkplatz stellt, „bestellt" eine funktionsgerechte Anlage des Straßenverkehrs mit Fahrgassen und Parkständen, somit ein Objekt der Verkehrsanlagen. Wird jedoch ein Vorplatz als Repräsentationszone erwartet (etwa für Hotels, Verwaltungsgebäude etc.), der als Vorfahrt bedingt befahrbar ist und im Nebeneffekt auch das beschränkte Befahren oder Parken von Fahrzeugen zulässt, bedarf dies einer Betrachtung im Einzelfall. Wird kein Parkplatz erwartet, sondern eine planerisch gestaltete Freifläche, die nebenbei auch für das Parken geeignet ist, handelt es sich um ein Objekt der Freianlagen. Der Einzelfall, in dem eine gestalterische Ausprägung solcher Bereiche Vorrang hat, ergibt eine Zuordnung zu Objekten der Freianlagen.

Weitere Fälle, in denen die „gestalterische Prägung" der Aufgabe als Kriterium bei deren Abgrenzung zu Objekten der Freianlagen oder der Verkehrsanlagen mitspielen, sind in der Praxis vielschichtig gegeben. So beispielsweise bei „Stadtplätzen", die in der Objektliste Freianlagen in Anlage 11 Nr. 11.2 erwähnt sind. Mit diesem Begriff kann auch ein Platz oder Straßenraum gemeint sein, der insgesamt oder in Teilflächen dem Straßenverkehr zugeordnet wird und für diese Bereiche vom Straßenverkehr genutzt werden soll. Für solche Plätze ist deshalb im Einzelfall und anhand der Prägung der Planungsaufgabe zu klären, welche Zuordnung zwischen „planerisch gestalteten Freiflächen und Freiräumen" (als Objekte der Freianlagen) und „Anlagen des Straßenverkehrs" (als Objekte der Verkehrsanlagen) gegeben ist.

Dies gilt letztlich für alle Bereiche, die neben einer Nutzung für Straßen- oder Schienenverkehr aufgrund ihrer im Einzelfall erwarteten gestalterischen Prägung einen Sonderfall darstellen, etwa für Spielstraßen oder verkehrsberuhigte Bereiche, in jüngerer Zeit u.a. auch für Flächen, die mit dem Begriff „shared space" in die Planung von Verkehrsräumen Einzug gehalten haben. Letzterer bezeichnet eine Planungsphilosophie, nach der der öffentliche Straßenraum nicht mehr vom Kfz-Verkehr dominiert, sondern lebenswerter und sicherer gestaltet verbessert werden soll. Dabei sollen die Verkehrsteilnehmer vollständig gleichberechtigt werden (Gemeinschaftsstraße). Ob solche (auch) vom Straßenverkehr zu nutzende Flächen als „planerisch gestaltete Freiflächen und Freiräume" entwickelt werden sollen und dann als Objekte der Freianlagen zugeordnet werden müssen, leitet sich aus der Aufgabenstellung, ggf. aus der vorangehenden Bedarfsplanung/Zielfindung, ab.

Ob eine gestalterisch geprägte bzw. landschaftspflegerischen Anforderungen gerecht werdende Freifläche als Objekt der Freianlagen oder als Objekt der Anlagen für den Straßen-, Schienen- oder Flugverkehr mit technisch-funktionellen Zielstellungen beauftragt und im Ergebnis erwartet wird, sollten Auftraggeber selbst entscheiden können.

3.1.2 Objekte der Verkehrsanlagen

Für zahlreiche Aufgaben ist aus der Legaldefinition der Objekte der Verkehrsanlagen in § 45 HOAI eindeutig abzulesen, dass es sich nicht um Objekte der Freianlagen handelt.

Mit dem dort umschriebenen Anwendungsbereich gehören zu diesen:

- Anlagen des Straßenverkehrs mit Ausnahme von selbstständigen Rad-, Geh- und Wirtschaftswegen und Freianlagen nach § 39 Abs. 1 HOAI,
- Anlagen des Schienenverkehrs und
- Anlagen des Flugverkehrs.

Bei Beachtung dieser Definition der HOAI für Objekte der Verkehrsanlagen ergibt sich ein breites Spektrum möglicher Objekttypen:

Anlagen des Straßenverkehrs sind angesichts der Vielzahl möglicher Begrifflichkeiten detailliert zu betrachten. Zu ihnen gehören z.B.:

- Bundesfern-, Landes- und Kreisstraßen einschl. Knotenpunkten und enthaltenen Elementen wie Verkehrsteilern und -inseln;
- Stadtstraßen in den Kategorien der Richtlinien für die Anlage von Stadtstraßen (RASt 06), u.a. Wohnweg, Wohnstraße, Sammelstraße, Quartiersstraße, Dörfliche Hauptstraße, Örtliche Einfahrtsstraße, Örtliche Geschäftsstraße, Hauptgeschäftsstraße, Gewerbestraße, Industriestraße, Verbindungsstraße und anbaufreie Straßen einschl. Knotenpunkten und enthaltenen Elementen wie Aufpflasterungen oder Anhebungen, Fahrbahnversätzen, Verkehrsteilern und -inseln;
- Betriebs- und Bewegungsflächen sowie Abstellbereiche für den Fahrverkehr in Logistikbereichen (Flächen für Anlieferung, Güterumschlag etc.);
- Verkehrsflächen von Rastanlagen und Parkplätze mit Zufahrt, Fahrbahnen und Stellflächen, Tankstellen;
- Sonderbereiche als Anlagen des Straßenverkehrs wie Bahnsteige für Busbahnhöfe, Fahrbereiche in Tankstellen etc.;
- Kurse oder Strecken für Straßenrennen, soweit sie neben dem sportlichen Zweck auch dem Straßenverkehr dienen;[1]
- Flächen für die Einübung des Fahrens unter realen Bedingungen des Straßenverkehrs, sogenannte Verkehrsübungsanlagen oder -plätze;[2]

1 Soweit die Strecken aber nicht als Anlagen dem Straßenverkehr dienen, wie z.B. bei Motocross oder Bahnradsport, sind sie keine Objekte der Verkehrsanlagen.

2 Soweit es sich um Flächen für Kinder- oder Jugendverkehrsschulen handelt, die als entsprechend gestaltete Lernbereiche für Kinder und Jugendliche gelten, sind sie in der Regel nicht für den Straßenverkehr bemessen und stellen keine Objekte der Verkehrsanlagen dar.

- unselbstständige Rad-, Geh- und Wirtschaftswege;
- innerörtliche sowie außerörtliche Plätze;
- verkehrsberuhigte Bereiche.

Keine Anlagen des Straßenverkehrs sind

- selbstständige[3] Rad-, Geh- und Wirtschaftswege;[4]
- Bauwerke und Anlagen für Objekte als Sportanlagen, die nicht dem Zweck des realen Straßenverkehrs dienen und entsprechend bemessen sind, wie z.B. Anlagen für Motocross, Speedway, Bahnradsport etc.,
- Bauwerke und Anlagen für Objekte als Spiel- und Freizeitanlagen, die nicht dem Zweck des realen Straßenverkehrs dienen, wie Miniaturanlagen in Freizeitparks oder in Kinder- oder Jugendverkehrsschulen etc.,
- Objekte der Freianlagen.

Anlagen des Schienenverkehrs sind

- die den schienengebundenen Verkehrsarten zukommenden Flächen wie Gleistrassen, Bahnsteige etc.,[5]
- Bauwerke und Anlagen für gleisgebundene Aufstiegshilfen wie Zahnradbahnen, Schrägaufzüge etc.

Keine Anlagen des Schienenverkehrs sind

- Flächen und Anlagen für oberleitungsgebundene Fahrzeuge des Straßenverkehrs, weil sie keine Schienen erfordern;
- Bauwerke und Anlagen für Objekte als Spiel- und Freizeitanlagen, die nicht dem Zweck des realen Schienenverkehrs dienen, wie z.B. Miniatur- und Modellbahnanlagen etc.

Anlagen des Flugverkehrs sind

- die dem Flugverkehr zukommenden Flächen wie Landebahnen und -plätze, Bewegungs- und Abstellflächen für Flugzeuge, Zeppeline, Helikopter etc.

Keine Anlagen des Flugverkehrs sind

- Bauwerke und Anlagen für Objekte als Spiel- und Freizeitanlagen, die nicht dem Zweck des realen Flugverkehrs dienen, wie z.B. Anlagen für Drachen- und Modellfluganlagen etc.

Soweit Verkehrsanlagen bauliche Elemente wie Brücken, Lärmschutzwälle, Lärmschutzwände, Bauwerke und Transportleitungen der Ver- und Entsorgung etc. erfordern, die als Objekte der Ingenieurbauwerke oder der Freianlagen gelten, ist eine entsprechende Abgrenzung erforderlich. Indem diese Bauwerke und Anlagen aber eigentlich eigenständige Objekte darstellen und andere Leistungen als die für Objekte der Verkehrs-

---

3 Zum Vergleich: als unselbstständig gelten Rad-, Geh- und Wirtschaftswege, wenn sie Bestandteil von Verkehrsanlagen sind, so z.B. wenn Wege eine Straßentrasse im Regelprofil begleiten. Selbstständig sind Rad-, Geh- und Wirtschaftswege im Sinne des § 45 Nr. 1 HOAI immer dann, wenn sie nicht (nur) mit Bezug zum Objekt der Verkehrsanlagen trassiert werden, sondern (auch) in Bezug zu angrenzenden Nutzungen stehen oder geplant werden, oder wenn sie unabhängig von der Straßentrasse eigenständig geführt sind und auf eigener Trasse verlaufen .

4 Mit dieser Formulierung sind alle Arten von Wegen umfasst.

5 Soweit diese Flächen mit Anlagen des Straßenverkehrs kombiniert sind, wie z.B. bei Straßenbahntrassen, bedarf es der Abgrenzung der jeweils getrennt zu betrachtenden Objekte.

anlagen erfordern, kann es nicht Sinn und Zweck der Formulierungen von Anwendungsbereichen in § 45 Nr. 1 bis 3 HOAI sein, den Grundsatz der HOAI, Leistungen getrennt zu vergüten, zu unterlaufen.

In der Anlage 13.2. Objektliste Verkehrsanlagen der HOAI 2013 sind vorstehende Verkehrsanlagen und auch weitergehende (die Aufzählungen sind nicht abschließend) beispielhaft angeführt.

3.2 Zuordnung nach Bewertungsmerkmalen für Honorarzonen und nach den Objektlisten

Nach den Grundsätzen in § 5 Abs. 3 HOAI sind Honorarzonen anhand von Bewertungsmerkmalen in den Honorarregelungen der jeweiligen Leistungsbilder der Teile 2 bis 4 zu ermitteln. Die Feststellung der zutreffenden Honorarzonen ist nach Maßgabe der Bewertungsmerkmale und ggf. der Bewertungspunkte sowie unter Berücksichtigung der Regelbeispiele in den Objektlisten der Anlagen dieser Verordnung vorzunehmen.

Mit den für Objekte der Freianlagen und Verkehrsanlagen genannten Bewertungsmerkmalen in §§ 40 Abs. 2 und 48 Abs. 2 HOAI und mit den Objektlisten in den Anlagen 11 Nr. 11.2 und 13 Nr. 13.2 der HOAI eröffnen sich Kriterien, die für eine Zuordnung von Objekten Hilfestellungen geben könnten.

3.2.1 Bewertungsmerkmale von Objekten in § 40 Abs. 2 HOAI und § 48 Abs. 2 HOAI

Die §§ 40 Abs. 2 und 48 Abs. 2 HOAI eröffnen folgende **Bewertungsmerkmale**:

Freianlagen **§ 40 Abs. 2 HOAI**	**Verkehrsanlagen** **§ 48 Abs. 2 HOAI**
Anforderungen an die Einbindung in die Umgebung	Geologische und baugrundtechnische Gegebenheiten
Anforderungen an Schutz, Pflege und Entwicklung von Natur und Landschaft	Technische Ausrüstung und Ausstattung
Anzahl der Funktionsbereiche	Einbindung in die Umgebung oder das Objektumfeld
Gestalterische Anforderungen	Umfang der Funktionsbereiche oder der konstruktiven oder technischen Anforderungen
Ver- und Entsorgungseinrichtungen	Fachspezifische Bedingungen

Die vergleichende Zusammenstellung belegt, dass sich die Bewertungsmerkmale anhand der jeweiligen Aufgabenstellung unterscheiden.

Die jeweiligen Merkmale sind aber nicht so gut voneinander abgegrenzt, dass sie besonders geeignet wären, bei einer unklaren Zuordnung nach den Legaldefinitionen entscheidend weiterzuhelfen. Sie lassen aber erkennen, dass Objekte der Freianlagen durch gestalterische Anforderungen der Planungsleistungen, Objekte der Verkehrsanlagen eher durch konstruktive oder technische Anforderungen der Planungsleistungen geprägt sind.

3.2.2 Objektlisten in den Anlagen 11 Nr. 11.2 und 13 Nr. 13.2 der HOAI

Die Objektlisten der HOAI für Freianlagen (Anlage 11 Nr. 11.2) und der Verkehrsanlagen (Anlage 13 Nr. 13.2) sind vom Verordnungsgeber mit der Intention eingefügt worden, für den Regelfall klarzustellen, welchen Honorarzonen die gelisteten Objekte zuzuordnen sind. Indem die Listen nicht abschließend formuliert sind (§ 5 Abs. 3 HOAI: „unter Berücksichtigung der Regelbeispiele"), helfen sie hierzu auch für Objekte, die nicht dezidiert in den Objektlisten aufgelistet, aber mit den dort genannten Objekten vergleichbar oder verwandt sind.

Bei der Durchsicht ist zunächst festzustellen, dass die in den Objektlisten verwendeten Objektbeschreibungen den Legaldefinitionen folgen. So stellen z.B. die in Anlage 11 Nr. 11.2 aufgelisteten Objekte der Freianlagen keine Anlagen des Straßen-, Schienen- oder Flugverkehrs dar.

Die in Anlage 13 Nr. 13.2 aufgelisteten Objekte der Verkehrsanlagen in den Gruppen „Außerörtliche Straßen" sowie „Innerörtliche Straßen und Plätze" sind als „Anlagen des Straßenverkehrs" zuzuordnen.

Bei der Auflistung in der Gruppe „Wege" wird allerdings nicht deutlich gemacht, dass die Objekte der Verkehrsanlagen nach § 45 Abs. 1 auf unselbstständige Rad-, Geh- und Wirtschaftswege[6] beschränkt sind.

In der Gruppe „Plätze, Verkehrsflächen" sind u.a. auch verkehrsberuhigte Bereiche erfasst. Bei solchen Objekten handelt es sich um Anlagen des Straßenverkehrs, die eine Verlangsamung der Fahrgeschwindigkeit oder auch eine Verkehrsberuhigung zum Ziel haben. Maßgeblich ist nicht eine Beschilderung (mit dem Verkehrszeichen 325.1 der StVO), sondern sind individuelle Maßnahmen der Einschränkung des Verkehrsflusses wie Schwellen, Inseln, Poller etc.

Im Ergebnis ist festzustellen, dass die „Regelbeispiele" der Objektlisten geeignet sind, einer Abgrenzung nach den Legaldefinitionen Unterstützung zu geben. Unklarheiten oder gar Zweifel bei einer Zuordnung von Objekten und Leistungen nach der HOAI lassen sich hierdurch aber nicht abschließend beseitigen.

3.3 Kombinierte Aufgabenstellung für Objekte der Freianlagen und der Verkehrsanlagen

Bei vielen Planungsaufgaben im öffentlichen Raum sind Konstellationen gegeben, bei denen Leistungen für Objekte der Freianlagen und für solche der Verkehrsanlagen zusammengefasst von einem Auftragnehmer erbracht werden. Dies ändert nichts an der durch die HOAI preisrechtlich vorgegebenen Zuordnung zu einem Objekt der Freianlagen und zu einem oder mehreren Objekten der Verkehrsanlagen und an der damit verknüpften Vergütung.

6 Mit dieser Formulierung könnten ggf. alle Arten von Wegen gemeint sein.

Dies gilt nicht für Aufgaben einer planerischen Zusammenführung von verschiedenen Objekten in Kombination und mit gegenseitigem Bezug. Die Grundsätze der Trennung von Leistungen verschiedener Objekte und deren Vergütung in der HOAI sind nicht für eine solche „integrierende" Bearbeitung verschiedener Objekte mit gegenseitigem Bezug vorbereitet. Mit der in § 17 Abs. 3 HOAI 2002 enthaltenen Bestimmung war (zumindest für Leistungen bei Freianlagen) klargestellt, dass im Fall der Erbringung von Grundleistungen eines Leistungsbilds keine Leistungen verbunden sind für die Einbindung von weiteren Objekten (in diesem Fall der Verkehrsanlagen), sondern für solche Leistungen ein zusätzliches Honorar frei vereinbart werden kann. Mit der Deregulierung dieser Bestimmung im Zuge der HOAI 2009 hat der Verordnungsgeber klargestellt, dass solche Integrationsleistungen nunmehr als „Besondere Leistungen" anzusehen sind. In diesem Sinn ist die integrierende Bearbeitung anderer Objekte nicht Teil der Grundleistungen eines Objekts und deren Vergütung.

3.4 Mehrere Auftragnehmer bei kombinierter Aufgabenstellung

Bei der Planung und Überwachung von Planungsaufgaben der Objektplanung sind nicht selten Konstellationen gegeben, in denen Leistungen für Freianlagen und Leistungen für Verkehrsanlagen an mehrere Auftragnehmer (aus gleichen oder verschiedenen Fachdisziplinen) gemeinsam oder arbeitsteilig beauftragt werden sollen. Solche gewollten Leistungsteilungen zwischen mehreren Planungsbeteiligten, bei denen Grundleistungen hinsichtlich der Art der Aufgabe und der Aufteilung der Leistungen – nach Objekten getrennt oder sich inhaltlich überschneidend – erbracht werden, ändern nichts an der durch die HOAI preisrechtlich vorgegebenen Zuordnung zu einem oder mehreren Objekten der Freianlagen und Verkehrsanlagen und der daran geknüpften Vergütung.

Es können aber Diskussionen aufkommen, wer eigentlich welche Leistungen erbringt und deren Vergütung beanspruchen kann. So müssen z.B. bei der Objektplanung der Verkehrsanlagen für den Ober- und Unterbau eines Fußgängerbereichs (siehe Kap. 3.3.2) notwendigerweise auch die Endhöhen der Oberflächenbefestigungen festgelegt werden. Insoweit bleibt es nicht aus, dass der Objektplaner für Verkehrsanlagen mit der Höhenlage des Schichtaufbaus auch das Gefälle-Relief und damit auch die Entwässerung der Oberflächen planerisch festlegt und/oder dabei indirekt die Erstellung von Decken- und Höhenplänen übernimmt.

In solchen Fällen können aber auch Aufwendungen und Leistungserfordernisse entstehen, die nicht zu den Grundleistungen, sondern zu den Besonderen Leistungen gehören (u.a. Koordination und Steuerung, Definition von Schnittstellen und Abstimmung von Verantwortlichkeiten im Sinne einer Generalplanung, Zusammenführung der Planungen verschiedener Objekte etc.). Die Vergütung für solche Besonderen Leistungen überlässt die HOAI in § 3 Abs. 3 HOAI der individuellen Vereinbarung zwischen Auftraggeber und Auftragnehmer und/oder ggf. zwischen Auftragnehmer und Subplaner.[7]

7 In Althof/Esch (Hrsg.), WEKA Praxislösungen – HOAI 2013, Das neue Honorarrecht sicher anwenden, wird die Erstellung eines „Gesamtplanes" als Besondere Leistung zum Auffangen der zusammenführenden Leistung angesprochen.

3.5 Anrechenbarkeitsregeln bei der Zuordnung von Objekten

Mit den Vergütungsregeln der Freianlagen und Verkehrsanlagen hat der Verordnungsgeber weitere Direktiven zur Zuordnung in Form von Grundsätzen zur Anrechenbarkeit von Kosten bei Freianlagen in der HOAI eingebracht, um damit über diesen indirekten Weg die Zuordnung von solchen Objekten klarzustellen.

3.5.1 Freianlagen nach § 38 Abs. 1 Nrn. 1 bis 8 HOAI

Nach § 6 Abs. 1 und 2 HOAI sind die anrechenbaren Kosten Parameter für die Honorarbemessung der Objekte und Leistungen. Bei Freianlagen hat der Verordnungsgeber in § 38 Abs. 1 HOAI zunächst festgelegt, dass die Kosten der „Außenanlagen" als anrechenbare Kosten heranzuziehen sind. Gemeint sind die Kosten der Kostengruppe KG 500 – Außenanlagen der DIN 276-1:2008-12 des Objekts der Freianlagen.

Darüber hinaus hat er mit den unter Nr. 1 bis 8 HOAI beispielhaft („insbesondere") aufgezählten Elementen ergänzend bestimmt, dass diese zu den anrechenbaren Kosten bei Freianlagen gehören, soweit sie durch den Auftragnehmer geplant oder überwacht werden:

§ 38 HOAI Besondere Grundlagen des Honorars

(1) Für Grundleistungen bei Freianlagen sind […] anrechenbar, insbesondere für folgende Bauwerke und Anlagen, soweit diese durch den Auftragnehmer geplant oder überwacht werden:

1. *Einzelgewässer mit überwiegend ökologischen und landschaftsgestalterischen Elementen,*
2. *Teiche ohne Dämme,*
3. *flächenhafter Erdbau zur Geländegestaltung,*
4. *einfache Durchlässe und Uferbefestigungen als Mittel zur Geländegestaltung, soweit keine Grundleistungen nach Teil 4 Abschnitt 1 erforderlich sind,*
5. *Lärmschutzwälle als Mittel zur Geländegestaltung,*
6. *Stützbauwerke und Geländeabstützungen ohne Verkehrsbelastung als Mittel zur Geländegestaltung, soweit keine Tragwerke mit durchschnittlichem Schwierigkeitsgrad nach Teil 4 erforderlich sind,*
7. *Stege und Brücken, soweit keine Grundleistungen nach Teil 4 Abschnitt 1 erforderlich sind,*
8. *Wege ohne Eignung für den regelmäßigen Fahrverkehr mit einfachen Entwässerungsverhältnissen sowie andere Wege und befestigte Flächen, die als Gestaltungselement der Freianlagen geplant werden und für die keine Leistungen nach Teil 3 Abschnitt 3 und 4 erforderlich sind.*

Diese Auflistung wird als Klarstellung im Hinblick auf die Zuordnung der genannten Objektelemente zu Objekten der Freianlagen verstanden. Ob der Verordnungsgeber eine Zuordnung für diese Objekte zu den Vergütungsregeln der HOAI per Anrechnungsregeln gebieten wollte, lässt er indes offen. Tatsächlich kann daraus eine Konkludenz konstruiert werden, dass die beschriebenen Objekte an sich nicht den Objekten der Freianlagen zuzuordnen wären, sondern lediglich bei solchen anrechenbar sein sollen.

Die amtliche Begründung des Verordnungsgebers anlässlich der 3. ÄndVO 1991 hält sich von solchen Interpretationen fern:

> *[...] In Abs. 4a (Anm. d. Verf.: In der HOAI 1991 fand sich die Regelung in § 10 Abs. 4a, in der HOAI 2013 findet sie sich in § 38 Abs. 1) werden Kosten erwähnt, die bei Freianlagen anrechenbar sind. Es handelt sich hier nicht um die Aufzählung aller anrechenbaren Kosten, vielmehr werden in der Hauptsache solche Kosten von Bauwerken und Anlagen erwähnt, bei denen in der Vergangenheit Zweifel entstanden waren. Die Vorschrift dient auch zur Abgrenzung von Freianlagen zu Ingenieurbauwerken und Verkehrsanlagen, die in den Objektlisten [...] erwähnt sind [...].*[8]

Mit diesen Ausführungen in der damaligen amtlichen Begründung hat der Verordnungsgeber klargestellt, dass

- die Kosten für die in § 38 Abs. 1 Nrn. 1 bis 8 HOAI aufgelisteten Bauwerke und Anlagen bei Objekten der Freianlagen anzurechnen sind, wenn die jeweils genannten Bedingungen gegeben sind;
- die Kosten für weitere Bauwerke und Anlagen als Objektteile in gleicher Weise bei Freianlagen anzurechnen sind, wenn die jeweils mit den in § 38 Abs. 1 Nrn. 1 bis 8 genannten Objekten vergleichbar (die Aufzählung ist nicht abschließend formuliert) und die genannten Bedingungen gegeben sind;
- die in § 38 Abs. 1 Nrn. 1 bis 8 aufgelisteten Bauwerke und Anlagen, soweit sie mangels Bezug zu umgebenden Freianlagen dort nicht anrechenbar gemacht werden können, als eigenständige Objekte der Freianlagen anzusehen und dort zuzuordnen sind, wenn die jeweils genannten Bedingungen gegeben sind;
- auch weitere Objekte als Bauwerke und Anlagen als eigenständige Objekte der Freianlagen anzusehen und dort zuzuordnen sind, wenn sie jeweils mit den in § 38 Abs. 1 Nrn. 1 bis 8 genannten Objekten vergleichbar (die Aufzählung ist nicht abschließend formuliert) und die genannten Bedingungen gegeben sind.

Bei allen seitherigen Novellierungen und der Neufassung der HOAI 2009 hat der Verordnungsgeber diese jetzt in § 38 Abs. 1 HOAI erfassten Anrechenbarkeitsregeln im Wesentlichen beibehalten. Die im Positivkatalog erfassten Kriterien werden deshalb als weitere Maßgabe für die Zuordnung von Objekten der Freianlagen gesehen.[9]

Durch die Formulierungen in § 38 Abs. 1 Nr. 8 HOAI ist somit hinsichtlich der Abgrenzung von Objekten der Freianlagen und Verkehrsanlagen klargestellt, dass die Kosten für:

- Wege ohne Eignung für den regelmäßigen Fahrverkehr mit einfachen Entwässerungsverhältnissen (Fall 1) oder diesen vergleichbare Objekte bei Freianlagen anzurechnen und/oder denen als Objekte/Objektteile zuzuordnen sind;
- andere Wege und befestigte Flächen oder diesen vergleichbare Objekte ebenfalls bei Freianlagen anzurechnen und/oder denen als Objekte/Objektteile zuzuordnen sind, wenn sie als Gestaltungselement der Freianlagen geplant werden und wenn für sie

8 Depenbrock/Vogler, S. 91.
9 Locher/Koeble/Frik, § 38 Rdnr. 12; Messerschmidt/Niemöller/Preussner, § 38 Rdnr. 22.

keine Grundleistungen nach Teil 3 Abschnitt 3 und 4 erforderlich sind. Letztere Einschränkung gilt u.a. auch für selbstständige[10] Rad-, Geh- und Wirtschaftswege, die gemäß § 45 Nr. 1 nicht in der HOAI geregelt und für die demnach keine Grundleistungen nach Teil 3 Abschnitt 4 erforderlich sind.[11]

3.5.2 Sonderfall Fußgängerbereiche

Der Verordnungsgeber hat in § 38 Abs. 2 Nr. 2 HOAI eine weitere Regelung in der HOAI verankert, die für Kosten von Fußgängerbereichen die Anrechenbarkeit bei Freianlagen enthält:

§ 38 HOAI Besondere Grundlagen des Honorars

(1) [...]

(2) Nicht anrechenbar sind für Grundleistungen bei Freianlagen die Kosten für:

1. [...]

2. den Unter- und Oberbau von Fußgängerbereichen, ausgenommen die Kosten für die Oberflächenbefestigung.

Mit dem Begriff „Fußgängerbereich" wird ein Begriff benutzt, der Raum für Interpretationen lässt. Nach StVO handelt es sich um eine durch Beschilderung bestimmte Verkehrsfläche, die nur von Fußgängern genutzt werden darf. Anderen Verkehrsteilnehmern ist ein Befahren untersagt, es sei denn, die Nutzung wird ihnen durch entsprechende Beschilderung erlaubt. Ist die Fußgängerzone auch für andere Verkehrsteilnehmer, also z.B. für den Lieferverkehr, für den ÖPNV als Omnibusse oder Straßenbahnen, für Fahrradfahrer etc. freigegeben, sind diese den Fußgängern gegenüber untergeordnet und müssen dem Fußgängerverkehr Vorrang einräumen. Im allgemeinen Sprachgebrauch ist ein Fußgängerbereich von einer Beschilderung nach der StVO nicht abhängig. Für die Zuordnung nach der HOAI wäre eine Beschilderung als Voraussetzung auch nicht sachdienlich. Die Regelung betrifft Bereiche, die vorrangig vom Fußgänger genutzt werden sollen und entsprechend gestaltet werden. Sie schließt auch Objekte als Seitenbereiche, Vorplätze etc. mit vergleichbarer Nutzung ein.[12]

Mit § 38 Abs. 2 Nr. 2 HOAI hat der Verordnungsgeber klargestellt, dass bei Fußgängerbereichen nur die Kosten der Oberflächenbefestigung bei Freianlagen anzurechnen sind. Die Frage, ob dies eine Beschränkung der Vergütung darstellt oder darin eine Begrenzung des Objekts der Freianlagen gemeint ist, lässt § 38 Abs. 2 Nr. 2 HOAI offen.

In den vor der HOAI 2013 geltenden Fassungen hatte der Verordnungsgeber diese Frage über die Objektliste Verkehrsanlagen jedoch indirekt beantwortet.

So wurde in der Objektliste Verkehrsanlagen der

- HOAI 2002 und der vorherigen Fassungen in § 54 Abs. 2 Nr. 4 geregelt, dass verkehrsberuhigte Bereiche, ausgenommen Oberflächengestaltungen und Pflanzungen für Fußgängerbereiche nach § 14 Nr. 4,

---

10 Von der Osten in Hartmann, R. (Hrsg.), Band 4, S. 85.

11 Als unselbstständig gelten Rad-, Geh- und Wirtschaftswege u.a., wenn sie als Bestandteil von Verkehrsanlagen gelten, so z.B. wenn Wege eine Straßentrasse im Regelprofil begleiten. Siehe auch Kap. 3.2.2.

12 Solche Situationen können u.a. auch für Flächen zutreffen, die mit dem Begriff „shared space" in die Planung von Verkehrsräumen Einzug gehalten haben.

und in der

- HOAI 2009 in Anlage 3.5.4, dass innerörtliche Straßen und Plätze mit hohen verkehrstechnischen Anforderungen oder in schwieriger städtebaulicher Situation sowie vergleichbare verkehrsberuhigte Bereiche, ausgenommen Oberflächengestaltungen und Pflanzungen für Fußgängerbereiche nach 3.2.4,

als Objekte der Verkehrsanlagen gelten.

Bei der Neufassung der HOAI 2013 ist diese „Referenz" in der Objektliste Verkehrsanlagen in Anlage 13 Nr. 13.2 nicht aufrechterhalten worden.

Indem die Regelung der Vergütung von Leistungen für Fußgängerbereiche bis zur HOAI 2013 wortgleich beibehalten worden ist und die erforderlichen Leistungen dieselben geblieben sind, hilft ein Blick auf die diesbezügliche amtliche Begründung zur HOAI 2002:

> *[...] Soweit der Auftragnehmer dieser Freianlagen auch den Unter- oder Oberbau plant, hat er für diese Leistungen einen Anspruch auf ein Honorar nach Teil VII (Anm. d. Verf.: der HOAI 2002). [...]*[13]

Damit bleibt es dabei, dass im „Sonderfall Fußgängerbereiche" der Unter- und Oberbau mit Ausnahme von Oberflächenbefestigungen als Objekt der Verkehrsanlagen gesondert zu vergüten ist.[14]

Für die Bemessung der Leistungen für Verkehrsanlagen gelten andere Anrechenbarkeitsregeln als für solche der Freianlagen. Dies führt zu einem weiteren Problem des Sonderfalls „Fußgängerbereiche". Während für Freianlagen nach § 38 Abs. 1 die Kosten der Außenanlagen maßgeblich sind, ergeben sich die anrechenbaren Kosten für Verkehrsanlagen aus den Kosten der „Baukonstruktion". Die „Oberflächenbefestigung", wie der weitere „Ober- und Unterbau", ist regelmäßig Teil der Kosten von Außenanlagen, jedoch nicht immer Kostenteil der Baukonstruktion. Welche Kosten bei welchem Objekt anzurechnen sind, bestimmt in diesem Fall die Regelung in § 4 Abs. 1 HOAI: maßgeblich sind die Herstellkosten des jeweiligen Objekts. Mit dieser weiteren Klarstellung ist verbunden, dass die Kosten der Oberflächenbefestigung zu den Herstellkosten des Objekts der Freianlagen gehören und der Unter- und Oberbau mit Ausnahme von Oberflächenbefestigungen zu denen des Objekts der Verkehrsanlagen.

Im Anhang wird auf die möglicherweise gegebene räumliche Abgrenzung und Zuordnung nach der HOAI am Beispiel eines Fußgängerbereichs in Kombination mit einem verkehrsberuhigten Bereich, innerörtlichen Parkplätzen und Stadtstraßen, vertieft auf die Sachlage eingegangen (vgl. Anhang B, Beispiele B1 und B2).

Die dafür zugrunde gelegten Vergütungsvereinbarungen sind für die beiden Objekte als Fußgängerbereiche aufgeteilt in:

- die jeweilige Oberflächenbefestigung, deren Kosten mit Ausnahme des Unter- und Oberbaus beim Objekt den Freianlagen anzurechnen und/oder diesen als Objekte/Objektteile zuzuordnen sind,

13 Depenbrock/Vogler, S. 91.
14 So auch in Locher/Koeble/Frik, § 38 Rdnr. 27; Messerschmidt/Niemöller/Preussner, § 38 Rdnr. 42; Fuchs/Berger/Seifert, § 38 Rdnr. 59.

und in

- die jeweiligen Teile des Unter- und Oberbaus mit Ausnahme von Oberflächenbefestigungen, die als Objekt der Verkehrsanlagen mit den einschlägigen anrechenbaren Kosten bemessen werden.

Der Verordnungsgeber hat mit dieser Sonderregel im Übrigen klargestellt, dass im System der HOAI auch Fälle enthalten sind, bei denen es sich um zwei oder mehrere übereinanderliegende Objekte handelt. Darüber hinaus können die im Unter- oder Oberbau eingebetteten Bauwerke des Tief- und Ingenieurbaus etc. jeweils getrennt als Objekte der Ingenieurbauwerke (oder der Technischen Ausrüstung) als weitere Objekte hinzukommen.

Dass eine solche schichtweise Aufteilung und Zuordnung auch für weitere Objekte, wie z.B. für Stadtplätze, Schulhöfe, Sportplätze, Tennisplätze, Bolzplätze, Gedenkstätten etc., zulässig ist, lässt sich aus der Regelung in § 38 Abs. 2 Nr. 2 HOAI nicht herleiten. Dass Objekte verschiedener Zuordnung aber übereinanderliegen können und insoweit in Schichten oder Horizonte getrennt werden, ergibt sich mit den Objekten der Objektliste Freianlagen, wie z.B. Terrassen- und Dachgärten, Bauwerksbegrünung vertikal und horizontal, Geländegestaltungen und Pflanzungen für Deponien, Halden und Entnahmestellen, bei denen stets keine Verbindung mit darunterliegenden anderen Objekten eintritt, sondern die getrennte Objekte darstellen.

Insoweit ist davon auszugehen, dass es Aufgabenstellungen geben kann, die eine schichtweise Trennung und dementsprechende Zuordnung in Objekte zulassen.

Mit dieser Klarstellung wird eine weitere offene Frage beantwortet. Indem die Kosten des Unter- und Oberbaus im Fall von Fußgängerbereichen nicht als Teil des Objekts Freianlagen anrechenbar gemacht werden können, weil diese Schichten nicht als Teil des Objekts der Freianlagen gelten, können sie nach der Begriffsbestimmung in § 2 Abs. 7 HOAI keine mitzuverarbeitende Bausubstanz im Sinne von § 4 Abs. 3 HOAI darstellen. Dasselbe gilt im Fall anderer Überlagerungen von Objekten entsprechend.

Nicht vergessen werden soll der Hinweis, dass in Fällen einer solchen „Überlagerung" von mehreren Objekten oder von einer schichtweisen Trennung in mehrere Objekte hinzunehmen ist, dass die jeweils geschuldeten Grundleistungen der jeweiligen Leistungsbilder und die Maßstabsebenen einer Bearbeitung der Objekte angesichts ungleicher Leistungsbilder und Grundleistungen nicht zusammenpassen. Der Vergleich der Grundleistungskataloge (siehe Anhang A) zeigt vielmehr auf, dass Leistungen, die für ein Objekt der Verkehrsanlagen als Grundleistungen benannt sind, für das andere Objekt der Freianlagen (und umgekehrt) als Besondere Leistungen gelten können.

Und ebenfalls nicht vergessen werden soll der Hinweis, dass die Voraussetzungen, damit die Vergütungsregelungen für einen Fußgängerbereich im Sinne des § 38 Abs. 2 Nr. 2 HOAI greifen, nicht immer schon zum Zeitpunkt eines Vertragsschlusses bekannt sind. Vielmehr können die Voraussetzungen auch erst im Zuge der Planung eintreten.

Gerade im Grenzbereich zwischen Fußgängerbereich (als Objekt der Freianlagen) und ausschließlichen Verkehrsanlagen kann die Zuordnung in vielen Fällen nicht vorausgesehen werden, sondern entsteht im Zuge der Bearbeitung.

Soweit ein Objekt nach § 38 Abs. 2 Nr. 2 HOAI einzustufen ist, sind für die Bemessung der Vergütung von Leistungen für Freianlagen die Kosten für Unter- und Oberbau mit

Ausnahme der Oberflächenbefestigung nicht anrechenbar. Unter „Oberflächenbefestigung" ist die obere befestigte Schicht der Fußgängerbereichsfläche einschließlich des Bettungsmaterials und einschließlich der damit verbundenen Flächengestaltung gemeint.

Weil sich die Begriffe der Oberflächenbefestigung nach HOAI und des Oberbaus nach RSTO 12 Ziff. 2.1[15] überschneiden, bedarf es der genaueren Hinweise zur praktischen Handhabung.

Der Oberbau umfasst nicht nur die oberste aller Schichten, sondern auch die damit im unmittelbar konstruktiven und herstellungsbedingten Zusammenhang stehenden Trag- und Frostschutzschichten.

Schnittstellen der anteiligen Zuordnung von Unter-/Oberbau und Oberflächenbefestigung in Fußgängerbereichen

Beispiel für Platten oder Pflasterflächen in Fußgängerbereichen

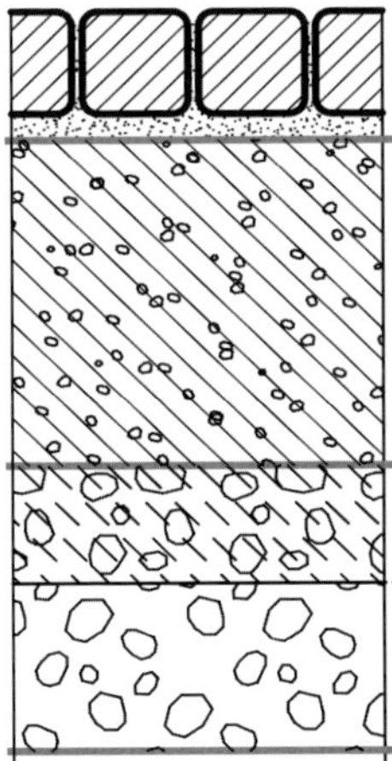

	ungebundene Bauweise: Pflastersteine/Platten Fugenfüllung Bettung	Decke oberer Teil des Oberbaus aus Asphalt, Beton, Pflaster oder Platten	Oberflächenbefestigung nach § 38 (2) Nr. 2 **Anrechenbare Kosten Freianlagen**
	Tragschicht z.B. wasserdurchlässige Asphalttragschicht z.B. hydraulisch geb. Tragschicht z.B. Frostschutzschicht	Oberbau alle Schichten oberhalb des Planums Planum unmittelbar unter dem Oberbau liegende und plangerecht bearbeitete Oberfläche des Untergrundes oder des Unterbaus (Abschluss des Erdbaus)	Oberbau nach § 38 (2) Nr. 2 auch § 46 (1) **Anrechenbare Kosten Verkehrsanlagen**
	z.B. verbesserter Unterbau Unterbau unter dem Oberbau liegende Unterbau-Schüttung	Unterbau	Unterbau nach § 38 (2) Nr. 2 auch § 46 (1) **Anrechenbare Kosten Verkehrsanlagen**
	Untergrund unmittelbar unter dem Ober- oder unter dem Unterbau vorhandener Boden oder Fels	Untergrund	
graphische zeichnerische Darstellung	**technische Beschreibung (Beispiele)**	**Begriffe nach Ziff. 2.1 RSTO 12** **Richtlinien für die Standardisierung des Oberbaus von Verkehrsflächen**	**Zuordnung nach HOAI**
Spalte 1	**Spalte 2**	**Spalte 3**	**Spalte 4**

Zeichnung Fritz Erhard / Christine Stüber
geä. 09.11.2018

15 RSTO 12, Richtlinie für die Standardisierung des Oberbaus von Verkehrsflächen, Ausgabe 2012, Forschungsgesellschaft für Straßen- und Verkehrswesen.

Da sich die Bauweise regelmäßig erst im Zuge der Planung entwickelt, wird die Schnittstelle für die Objektzuordnung erst dann erkennbar. Diesem Belang und dieser Vorgehensweise ist in der Vereinbarung Rechnung zu tragen.

Als Beispiele für die Abgrenzung der Oberflächenbefestigung von darunterliegenden Schichten sind unterscheidbar:

- Platten oder Pflasterflächen (Systembeispiel), unterschieden nach Art der ungebundenen oder gebundenen Bettung bzw. Bauweise;
- Asphaltflächen (Beispiel A) mit Deckschichten oder Beschichtungen, insbesondere Bänderungen nach gestalterischen Aspekten, einschließlich der damit verbundenen Binder;
- Betonflächen (Beispiel B), insbesondere strukturierte Oberflächen mit konstruktiv zusammenhängender Betondecke;
- wassergebundene Wegedecken (Beispiel C), insbesondere bei Mehrschichtbauweise aller Arten von Deckschichten und herstellungsbedingt damit zusammenhängenden dynamischen Schichten (oberhalb der Tragschicht).

Die Strukturierung in Kosten der Oberflächenbefestigung sowie in Kosten für Unter- und Oberbau ergibt sich in der Regel wie in den nachfolgenden Beispielen zeichnerisch dargestellt.

Schichtaufbau und Schnittstellen bei anderen Belagsarten in Fußgängerbereichen

Beispiele zur Oberflächenbefestigung in Fußgängerbereichen

Beispiel A gestaltete Asphaltoberflächenbefestigungen, 10-14 cm
z.B. Asphaltdeckschicht als Splittmastixasphalt, splittreicher Asphaltfeinbeton, Farbasphalte oder Tragdeckschichten mit Oberflächenstruktur

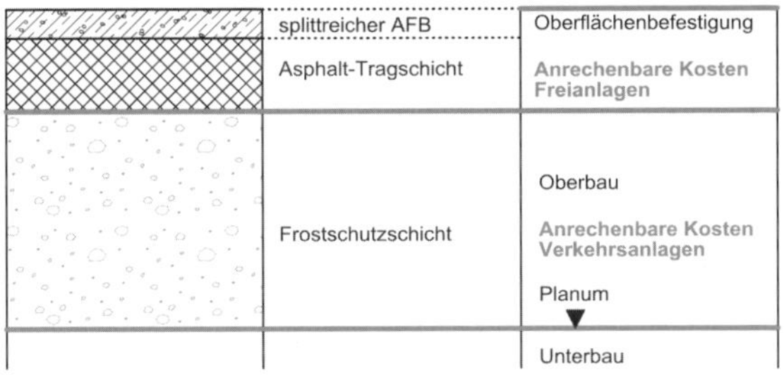

Beispiel B Strukturbetonflächenbefestigung, 10-12 cm

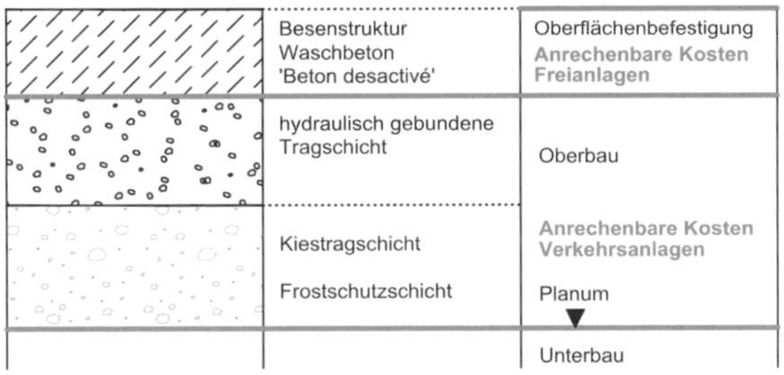

Beispiel C Wassergebundene Wegedecke, 10-12 cm (3-Schicht Bauweise)

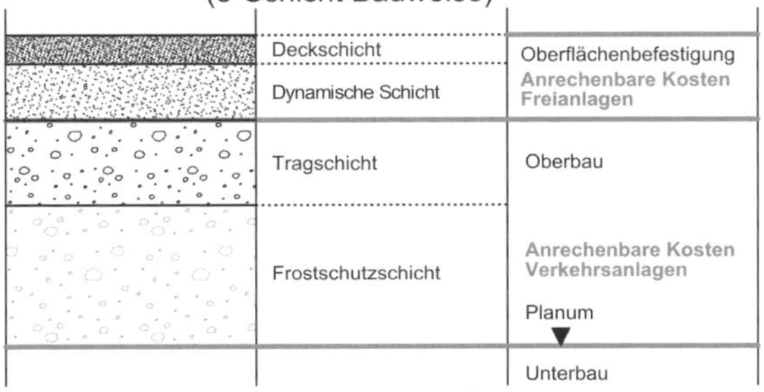

Zeichnung Fritz Erhard / Christine Stüber
geä. 09.11.2018

3.6 Leistungen und die Zuordnung von Objekten

Die Leistungsbilder für Objektplanungen der Anlagen 11 Nr. 11.1 (Freianlagen) und 13 Nr. 13.1 (Verkehrsanlagen) unterscheiden sich deutlich. Infolge der Zuordnung des Objekts ergibt sich, welches Leistungsbild mit darin enthaltenen Grundleistungen gegeben ist. In dieser Folge ist festzustellen, dass sich die Zuordnung von Objekten nicht an den Leistungsinhalten der Grundleistungen festmacht, sondern diese sich als Folge der Zuordnung ergeben.

Neben Grundleistungen eines Leistungsbilds können je nach Aufgabenstellung auch Besondere Leistungen hinzukommen. Wie für die Grundleistungen ist dabei aber auch für Besondere Leistungen klarzustellen, dass eine preisrechtlich zutreffende Zuordnung zu Objekten sich nicht am Erfordernis der Besonderen Leistung festmacht.

Mit der Zuordnung eines Objekts zu Freianlagen bzw. zu Verkehrsanlagen ergeben sich somit Folgen für eine jeweils gebotene Vereinbarung von Besonderen Leistungen. Dies gilt im Speziellen für die Leistungserbringung der „Örtlichen Bauüberwachung", die im Leistungsbild Verkehrsanlagen nicht zu den Grundleistungen, sondern zu den Besonderen Leistungen gehört und insoweit gesondert zu vergüten ist, während sie im Leistungsbild Freianlagen zu den Grundleistungen der Leistungsphase 8 – Objektüberwachung gehört und in den Tafelwerten enthalten ist.[16]

Der in Kap. 3.4 dargestellte und nicht selten auf Wunsch des Auftraggebers gegebene Fall der Bearbeitung eines Fußgängerbereichs durch zwei oder mehr Objektplaner löst in der Regel zusätzliche Aufwendungen und Leistungen der Koordination, Steuerung, Integration und Abstimmung sowie notwendige Regelungen zur Haftung der Auftragnehmer aus. Neben der Berücksichtigung dieser Umstände und Erschwernisse bei der Findung des Honorarsatzes kommt eine angemessene Vergütung der Leistungen durch Vereinbarung von Besonderen Leistungen infrage (siehe hierzu auch die Hinweise auf „bau- und landschaftsgestalterische Beratung bei der Planung von Verkehrsanlagen" in Kap. 6).

3.7 Zuordnung im Fall von Umbauten und Modernisierungen

Mit dem Verweis in § 39 Abs. 2 HOAI auf § 34 Abs. 1 HOAI und die vergleichbaren Regelungen in § 47 Abs. 1 HOAI ist klargestellt, dass es bei allen Objekten der Freianlagen und der Verkehrsanlagen um Neubauten und Neuanlagen, um Wiederaufbauten, Erweiterungsbauten, Umbauten, Modernisierungen sowie Instandhaltungen und Instandsetzungen geht.

Mit den Regelungen in § 6 Abs. 2 i.V.m. den §§ 40 Abs. 6, 48 Abs. 6 HOAI, wonach bei Leistungen für Umbauten und Modernisierungen bei Objekten der Freianlagen und Verkehrsanlagen bestimmte Abrechnungsregelungen entsprechend anzuwenden sind, sind für diese beiden Objektplanungen gleiche Rahmenbedingungen für die Ermittlung des Honorars geschaffen. Danach ist bestimmt, dass für Umbauten und Modernisierungen:

- ein Umbau- oder Modernisierungszuschlag auf das Honorar unter Berücksichtigung des Schwierigkeitsgrads der Leistungen schriftlich zu vereinbaren ist,

16 Vgl. Heft Nr. 2 der Schriftenreihe des AHO, S. 1.

- ein Zuschlag von 20 % ab einem durchschnittlichen Schwierigkeitsgrad (also für die Honorarzonen III bis V) unwiderleglich vermutet wird, soweit keine schriftliche Vereinbarung getroffen wurde.

Diese Regelung betrifft Objekte der Freianlagen und der Verkehrsanlagen (wie auch der Gebäude und der Ingenieurbauwerke) in gleicher Weise. Für die Zuordnung oder Abgrenzung sind hier aber Unterschiede anzusprechen, die bei Objekten der Freianlagen und solchen der Verkehrsanlagen hinsichtlich der Feststellung eines Umbaus oder einer Modernisierung jeweils gegeben sind.

Voraussetzung für die Anwendung von § 6 Abs. 2 HOAI ist für beide Objektarten, dass es sich bei den konkret betreffenden Objekt um

- einen Umbau gemäß § 2 Abs. 5 HOAI (Umgestaltung eines vorhandenen Objekts mit wesentlichen Eingriffen in Konstruktion oder Bestand)

oder um

- eine Modernisierung gemäß § 2 Abs. 6 HOAI (bauliche Maßnahmen zur nachhaltigen Erhöhung des Gebrauchswerts eines Objekts, soweit diese nicht unter Erweiterungsbauten, Umbauten oder Instandsetzungen fallen)

handelt.

Der Verordnungsgeber hat den Fall, dass ein Umbau für ein Objekt der Freianlagen gegeben und als Erschwernis zu berücksichtigen ist, über die Begriffsbestimmungen in § 2 Abs. 5 HOAI eingegrenzt. Danach muss ein Eingriff in den Bestand eines vorhandenen Objekts gegeben sein, dessen wesentliche Bestandteile in das zu planende Objekt eingebunden werden.

Die amtliche Begründung verweist auf eine Prüfung im Einzelfall, ob die Voraussetzungen tatsächlich gegeben sind, da Freianlagenplanungen im Bestand erfolgen können, ohne dass die Voraussetzungen für einen Umbau („wesentlicher Eingriff in Konstruktion oder Bestand") gegeben sein müssen. Tatsächlich sind aber auch bei Freianlagen in vielen Fällen Erschwernisse in diesem Sinn gegeben, die nicht über den Schwierigkeitsgrad der Aufgabe und die daraus abzuleitende Honorarzone berücksichtigt werden können.

Dieselben Grundsätze gelten aber auch für Umbauten von Objekten der Verkehrsanlagen. Zur Frage einer „Umgestaltung eines vorhandenen Objekts" sind bei Verkehrsanlagen besondere Feinheiten angesprochen:

> *„Die Planung von Objekten der Verkehrsanlagen unterscheidet sich systemisch von Objektplanungen anderer Fachbereiche. Die Besonderheit, dass sich eine Verkehrsanlage in der Ebene ausbreitet, bringt es mit sich, dass sich verschiedene Bauwerke einen überlagernden Raum teilen bzw. sich gegenseitig beeinflussen. Beispielhaft sind hier Versorgungsleitungen im Baufeld oder eine angrenzende Bebauung zu nennen. […]*

> *[...] Vergleicht man also den Aufwand für eine Straßenplanung in einer Bestandssituation mit dem Aufwand für eine gleiche Planungsaufgabe ‚auf der grünen Wiese', so ist offensichtlich, dass die Planung in der Bestandssituation ungleich schwieriger ist. Dies wird zum Teil durch den Umbauzuschlag ausgeglichen, soweit es sich nicht um ‚Besondere Leistungen' handelt, die grundsätzlich einer separaten Vergütung bedürfen".*[17]

Diese Klarstellung des AHO gilt entsprechend auch für viele Objekte der Freianlagen.

Im Ergebnis ist festzustellen, dass sich aus einem Sachstand von Umbauten oder Modernisierungen keine Unterschiede für die Vergütung von Objektplanungen für Freianlagen oder für Verkehrsanlagen ergeben.

3.8 Zuordnung im Fall von Instandhaltungen und Instandsetzungen

Mit dem Verweis in § 39 Abs. 2 HOAI auf § 34 Abs. 1 HOAI und die vergleichbaren Regelungen in § 47 Abs. 1 HOAI ist klargestellt, dass es bei allen Objekten der Freianlagen und der Verkehrsanlagen um Neubauten und Neuanlagen, um Wiederaufbauten, Erweiterungsbauten, Umbauten, Modernisierungen sowie Instandhaltungen und Instandsetzungen geht.

Mit der Regelung in § 12 Abs. 2 HOAI ist bestimmt, dass bei Leistungen für Instandhaltungen und Instandsetzungen bei Objekten aller Art

- der Prozentsatz für das Honorar der Objektüberwachung (Freianlagen Leistungsphase 8) oder Bauoberleitung (Verkehrsanlagen Leistungsphase 8) um bis zu 50 % der Bewertung dieser Leistungsphasen durch schriftliche Vereinbarung erhöht werden kann.

Diese Regelung betrifft Objekte der Freianlagen und der Verkehrsanlagen (wie auch der Gebäude und der Ingenieurbauwerke) in gleicher Weise. Für die Zuordnung oder Abgrenzung sind hier aber Unterschiede anzusprechen, die bei Objekten der Freianlagen und solchen der Verkehrsanlagen hinsichtlich der Feststellung einer Instandsetzung oder Instandhaltung jeweils gegeben sind.

Voraussetzung für die Anwendung ist für beide Objektarten, dass es sich bei den konkret betreffenden Objekt um

- eine Instandsetzung gemäß § 2 Abs. 8 HOAI (Maßnahmen zur Wiederherstellung des zum bestimmungsgemäßen Gebrauch geeigneten Zustands (Soll-Zustands) eines Objekts, soweit es nicht um Wiederaufbauten im Sinne von § 2 Abs. 3 HOAI geht)

oder um

- eine Instandhaltung gemäß § 2 Abs. 9 HOAI (Maßnahme zur Erhaltung des Soll-Zustands eines Objekts)

handelt.

17 Vgl. Heft Nr. 1 der Schriftenreihe des AHO, S. 147.

Instandsetzungen liegen vor, wenn z.B.

- bei Objekten der Freianlagen
  - vorhandene abgesackte Sportplatzflächen in den Tragschichten ergänzt und die Deckschichten wieder gefällegerecht hergestellt werden,
  - Spielgeräte auf Teilbereichen von Kinderspielplätzen ausgetauscht und/oder deren Fallschutzbereiche erneuert werden;
- bei Objekten der Verkehrsanlagen
  - entstandene Spurrillen in Straßenflächen in den Tragschichten erneuert und die Deckschichten wieder gefällegerecht hergestellt werden,
  - Senkungen oder Verschiebungen in Schienentrassen in den betroffenen Abschnitten beseitigt werden.

Instandhaltungen liegen vor, wenn z.B.

- bei Objekten der Freianlagen
  - die Erhaltung eines Sollzustands eines Objekts Maßnahmen, die über eine gärtnerische Unterhaltungspflege oder eine Objektwartung hinausgehen und weitergehende Maßnahmen nach festgelegtem Sollzustand erfordert (etwa beim Entgegenwirken einer ungeeigneten Sukzession von Vegetationsflächen oder selektiven Eingriffen in Begrünungen etwa bei Dachbegrünungen)[18],
  - Schäden an Spielgeräten repariert werden.
- bei Objekten der Verkehrsanlagen
  - Belags- oder Schienenschäden punktuell saniert werden.

Im Ergebnis ist festzustellen, dass sich aus einem Sachstand von Umbauten oder Modernisierungen keine Unterschiede für die Vergütung von Objektplanungen für Freianlagen oder für Verkehrsanlagen ergeben.

18 Vgl. Heft Nr. 1 der Schriftenreihe des AHO, Kap. 1.5.3.

4 Schrittweises Vorgehen bei der Abgrenzung/ Zuordnung von Objekten im Einzelfall

Die notwendigen Vereinbarungen von Leistungen und deren Vergütung von Objekten der Freianlagen sowie der Verkehrsanlagen nach der HOAI können mit der nachfolgend dargelegten Abfolge von Prüfschritten festgestellt werden.

4.1 Schritt 1 – Erfassen der Aufgabenstellung

Jede objektplanerische Aufgabe beginnt mit der Aufgabenstellung oder mit der Übergabe der Ergebnisse einer Bedarfsplanung oder eines Wettbewerbs, die in der Regel durch den Auftraggeber oder die für den Auftraggeber tätigen Planungs- oder Projektträger ausgesprochen oder ausgearbeitet werden.

Es geht darum, dass der Auftraggeber die Aufgabe formuliert und seine Erwartungen artikuliert, die er durch die Leistungen eines potenziellen Auftragnehmers erfüllt sehen will. Dies gilt stets auch für einen fachlich unerfahrenen Auftraggeber, der sich durch beratende Dritte oder auch durch den Auftragnehmer, dem auch im Vorfeld der möglichen Beauftragung eine Nebenpflicht der Beratung und Information des Auftraggebers zukommt, beraten lassen kann. Bei Beauftragung von Leistungen der Zielfindung oder Bedarfsplanung kann der Auftraggeber die Konkretisierung der Aufgabenstellung durch den Bedarfsplaner erbringen lassen. Entsprechende Leistungen sind preisrechtlich nicht gebunden und stellen bei einer zusätzlichen Beauftragung an den Objektplaner eine Besondere Leistung dar.

Eine Antwort auf die Frage, ob das Objekt, für das Leistungen erbracht werden sollen, nach der HOAI den Freianlagen oder Verkehrsanlagen zugeordnet werden muss, ergibt sich in der Folge.

Für einen potenziellen Auftragnehmer für Leistungen der Objektplanung ergibt sich in allen Fällen die Notwendigkeit, die Aufgabe als Ganzes und die mit ihr verbundenen Leistungen im Einzelnen zu reflektieren und preisrechtliche Schlüsse zu ziehen.

Immerhin ist er im Sinne seines geschuldeten Erfolgs verpflichtet, den Auftraggeber fachlich zu beraten und ihn auf die Tragweite seiner Direktiven hinzuweisen. In diesem Stadium vor Vertragsschluss kann es durchaus geboten sein, die im Zuge der Bearbeitung möglichen Lösungen noch offen zu halten und die notwendigen leistungs- und preisrechtlichen Regelungen optional vom weiteren Planungsverlauf abhängig zu machen.

Weil die Prägung des Objekts oder damit verbundene Anforderungen an die Aufgabenbewältigung unterschiedliche Leistungen erfordern, kann dies zu einer unterschiedlichen Zuordnung nach der HOAI führen (siehe Kap. 3.1). Einem nicht fachkundigen[19] Auftraggeber muss der hinweispflichtige Auftragnehmer deshalb transparent machen, wie die leistungsrechtlichen Rahmenbedingungen aussehen und welche Vergütungsfolgen damit verbunden sind.

19 Fachkundige Auftraggeber verfügen über Strukturen/Personen mit entsprechender fachspezifischer Ausbildung, von denen Kenntnisse über die unterschiedlichen Aufgaben und deren Vergütung erwartet werden können.

Als Arbeitshilfe wird nachfolgend eine Kaskade der Prüfschritte vorgeschlagen, die es den Parteien erleichtern soll, in der Frage der Zuordnung verordnungskonform zu entscheiden.

4.2 Schritt 2 – Zuordnung anhand der Prüfkaskade

Mit der nachfolgenden Abfolge von Prüfschritten sind die getroffenen Zielsetzungen des Auftraggebers als Grundlagen für vertragliche Vereinbarungen von Leistungen und deren Vergütung von Objekten nach der HOAI zu strukturieren:

Prüfschritte einer Zuordnung zu Objekten der Freianlagen oder Verkehrsanlagen

Erfassen der räumlichen Anforderungen der Aufgabe

einschl. deren Gewichtungen und Begrenzungen
anhand des örtlichen, städtebaulichen und landschaftlichen Umfelds
und der ökologischen Wirkräume und Verflechtungen
Abstimmung mit dem Auftraggeber

Erfassen der Inhalte des Programms und der Zielsetzungen der Aufgabe

aus Erwartungen und Vorgaben des Auftraggebers (Bedarfsplanung)
sowie sonstigen aufgabenbezogenen Rahmenbedingungen, wie
z.B. Beschlüsse aus Preisgerichten zu Wettbewerben, Gremien, Beteiligungsverfahren
Abstimmung mit dem Auftraggeber

Feststellung, ob die Aufgabe bei gesamtheitlicher Betrachtung als ein Objekt zu verstehen ist

oder ggf.

Feststellung, dass die Aufgabe aus mehreren Objekten, die zu einem oder mehreren Teilen der HOAI zuzuordnen sind, besteht, die jeweils getrennt zugeordnet werden müssen

in diesem Fall neue Prüfschritte je Objekt

Feststellung der Zuordnung nach Legaldefinition

Wesentliche Kriterien

Planerisch gestaltete Freiflächen oder Freiräume bzw. landschaftspflegerisch gestaltete Freiflächen oder Freiräume in Verbindung mit Objekten	oder	Anlagen des Straßen-, Schienen- oder Flugverkehrs mit Ausnahme von selbstständigen Rad-, Geh- und Wirtschaftswegen und Freianlagen

Feststellung der Zuordnung zu

Objektplanung nach Teil 3, Abschnitt 2 Freianlagen

Objektplanung nach Teil 3, Abschnitt 4 Verkehrsanlagen

Wenn die vorstehenden Prüfschritte keine eindeutige Zuordnung ergeben, sollten die nachfolgenden weiteren Prüfschritte zum Ergebnis führen:

Zuordnung anhand der Objektliste

bei dezidierter Nennung der Aufgabe in den Objektlisten der Anlage 11 Nr. 11.2 Freianlagen oder der Anlage 13 Nr. 13.2 Verkehrsanlagen und vergleichbarer Objekte (die Listen sind nicht abschließend formuliert)

Zuordnung unter Einbeziehung von Anrechnungsregeln

in §§ 38 Abs. 1 und 2, 46 Abs. 1 und 3 HOAI

Mit der sich aus dieser Prüfkaskade ableitbaren Zuordnung von Objekten der Freianlagen sowie der Verkehrsanlagen ergibt sich das maßgebliche Leistungsbild mit seinen jeweils definierten Grundleistungen. In dieser Folge ergibt sich auch, welche Leistungen als Besondere Leistungen hinzukommen und frei zu vereinbaren sind (Näheres hierzu in der Anlage A).

5 Empfehlungen für Vorvereinbarungen bei kombinierten Aufgaben

Nicht selten ist festzustellen, dass eine gestellte Aufgabe in einer Kombination von verschiedenen Objekten besteht, die ggf. zu mehreren Teilen der HOAI gehören. In der Folge müssen Vergütungsvereinbarungen für mehrere Objekte nach gleichen oder mehreren Teilen der HOAI kombiniert werden.

Bei Objekten von Freianlagen ist zu klären, ob die Aufgabenstellung gesamtheitlich über das Objekt hinweg alle Flächen, Bauwerke und Anlagen umfasst oder ob Straßen, Wege, oder Parkplätze etc. enthalten sind, die (getrennt nach Einzelobjekten) den Verkehrsanlagen zuzuordnen sind.

Bei Objekten der Verkehrsanlagen ergibt sich dies z.B. für die Zuordnung von Leistungen für die Gestaltung und Begrünung mit Vegetationsflächen. Der Verordnungsgeber hat in der Objektliste für Freianlagen (Anlage 11 Nr. 11.2) festgelegt, dass z.B. das Begleitgrün an Verkehrsanlagen stets zu den Freianlagen gehört und dort den Honorarzonen I bis III zuzuordnen ist. Ggf. handelt es sich bei Begleitgrün o. Ä. um mehrere Objekte der Freianlagen (z.B. die Gestaltung von mehreren Kreisverkehrsinseln im Verlauf eines Straßenprojekts).

Weil die HOAI in § 7 Abs. 1 nach wie vor ein Rechtzeitigkeitsgebot zur Vereinbarung der Vergütung enthält, bedarf es der frühen fachlichen Einschätzung, welche Leistungen aus welchem Teil der HOAI zur Erbringung einer gestellten Aufgabe erforderlich werden. Nicht immer kann dies aber bereits zum Zeitpunkt der Vertragsvereinbarung abgesehen und abgegrenzt werden. Manche Objektzuordnung ergibt sich erst im Zuge einer planerischen Entwicklung. Damit verbunden ergibt sich für solche Objekte erst zu diesem Zeitpunkt, welche Leistungen und Vergütungen nach den Regelungen für Freianlagen oder für Verkehrsanlagen vereinbart werden müssen.

Soweit die räumliche Abgrenzung und Zuordnung von Leistungen nach der HOAI bis zur Vorlage erster Planungsergebnisse im Unklaren bleiben, sind Rahmenvereinbarungen als optionale Regelungen zwischen den Parteien zu empfehlen, die auf eine Objektzuordnung infolge des weiteren Planungsverfahrens abstellen.

6 Bau- und landschaftsgestalterische Beratung für Verkehrsanlagen

Mit der Deregulierung im Zuge der ÄndVO zur HOAI 2009 ist die vorher in § 61 HOAI enthaltene Vergütungsregelung entfallen. Dort war festgelegt, dass Leistungen der bau- und landschaftsgestalterischen Beratung für Objekte der Verkehrsanlagen, die zusätzlich neben Grundleistungen für Verkehrsanlagen beauftragt werden, gesondert vereinbart und mit einem frei zu bemessenden Honorar vergütet werden können. Folgende Leistungen waren hierzu in § 61 HOAI 2002 nicht abschließend („insbesondere") erwähnt:

1. Mitwirken beim Erarbeiten und Durcharbeiten der Vorplanung in gestalterischer Hinsicht.
2. Darstellung des Planungskonzepts unter Berücksichtigung städtebaulicher, gestalterischer, funktionaler, technischer und umweltbeeinflussender Zusammenhänge, Vorgänge und Bedingungen.
3. Mitwirken beim Werten von Angeboten einschließlich Sondervorschlägen unter gestalterischen Gesichtspunkten.
4. Mitwirken beim Überwachen der Ausführung des Objekts auf Übereinstimmung mit dem gestalterischen Konzept.

Die Deregulierung 2009 hatte nicht zum Ziel, die Vergütung derartiger Leistungen nicht mehr zu regeln. Vielmehr wurde für die darunter erfassten Leistungen wie für viele weitere klargestellt, dass sie zu den Besonderen Leistungen gehören und dementsprechend zu vergüten sind.

Eine Vertragskonstellation, die neben einem Auftragnehmer für Grundleistungen für Verkehrsanlagen weitere gestalterische Beratungsleistungen bestellt, kann mit Bezug zu § 61 der HOAI 2002 und der Klarstellung des Verordnungsgebers in der amtlichen Begründung zur HOAI 2009, diese Leistungen den Besonderen Leistungen zuordnen und entsprechend vereinbaren und vergüten. Voraussetzung ist, dass die im konkreten Fall zu vereinbarenden individuellen Leistungen der bau- und landschaftsgestalterischen Beratung nicht zu den Grundleistungen für Verkehrsanlagen gehören und die Formerfordernisse zur Vereinbarung von Besonderen Leistungen beachtet werden.

7 Zusammenfassung

Auch nach über 20 Jahren der Gültigkeit der preisrechtlichen Regelungen zu Freianlagen oder zu Verkehrsanlagen ist die Abgrenzung für alle in diesem Bereich Tätigen nicht leichter geworden. Immer wieder werden bei Vergütungsvereinbarungen zu Objekten im Grenzbereich zwischen beiden Teilen – leider oftmals erhebliche – Fehler festgestellt, weil die Grundsätze der HOAI zur Zuordnung von Objekten und deren Abgrenzung nicht beachtet worden sind.

Die Zuordnung zu Freianlagen oder zu Verkehrsanlagen steht nach den Erkenntnissen in diesem Heft unter der Kernaussage, dass für die Zuordnung zu Abschnitt 2 oder 4 des Teils 3 – Objektplanung – der HOAI die Legaldefinitionen maßgeblich sind.

Freianlagen sind:

- planerisch gestaltete Freiflächen oder Freiräume;
- planerisch gestaltete Freiflächen oder Freiräume in Verbindung mit Bauwerken;
- planerisch gestaltete Freiflächen oder Freiräume in Bauwerken;
- landschaftspflegerische Planungen in Verbindung mit Objekten.

Verkehrsanlagen sind:

- Anlagen des Straßenverkehrs, soweit nicht als Ausnahmen des § 45 Nr. 1 HOAI ausgenommen;
- Anlagen des Schienenverkehrs;
- Anlagen des Flugverkehrs.

Dass die Regelungskomplexe in der HOAI für Objekte der Freianlagen in Teil 3 Abschnitt 2 und für Verkehrsanlagen in Teil 3 Abschnitt 4 in bestimmten Fällen Unklarheiten enthalten, die Fragen zur jeweiligen Vergütung und zur Abgrenzung mit sich bringen, ist nicht zu bestreiten und kann bei zukünftigen Entwicklungen des Preisrechts verbessert werden. Daraus entsteht jedoch keine Dispositionsfreiheit zur individuell regelbaren Vergütung.

Mit den grundsätzlichen Ausführungen in Kap. 4 und mit dem schrittweisen Vorgehen einer Zuordnung im konkreten Einzelfall in Kap. 5 sind die wesentlichen Informationen und Kriterien herausgearbeitet worden, um sachgerechte Zuordnungen nachvollziehbar treffen zu können. Darüber hinaus sind die Darlegungen zu Grundleistungen und Besonderen Leistungen und das Berechnungsbeispiel im Anhang dazu geeignet, leistungsspezifische Unterschiede und Vergütungsdetails für die Anwender der HOAI transparent zu machen.

8 Quellen/Verzeichnis weiterführender Literatur

AHO – Ausschuss der Verbände und Kammern der Ingenieure und Architekten für die Honorarordnung e.V., Schriftenreihe des AHO Nr. 1, HOAI – Planen und Bauen im Bestand, Arbeitshilfen zur Bestimmung der anrechenbaren Kosten aus mitzuverarbeitender Bausubstanz und des Zuschlags für Umbauten und Modernisierungen, 2. Aufl. Oktober 2018

AHO – Ausschuss der Verbände und Kammern der Ingenieure und Architekten für die Honorarordnung e.V., Schriftenreihe des AHO Nr. 2, Örtliche Bauüberwachung bei Ingenieurbauwerken und Verkehrsanlagen – Leistungsbild und Honorierung, Oktober 2014

AHO – Ausschuss der Verbände und Kammern der Ingenieure und Architekten für die Honorarordnung e.V., Schriftenreihe des AHO Nr. 20, Abgrenzung der Vergütung von Objektplanungsleistungen der Freianlagen zu Ingenieurbauwerken und Verkehrsanlagen nach Teil 3 der HOAI 2009, 2. Aufl. September 2011

AHO – Ausschuss der Verbände und Kammern der Ingenieure und Architekten für die Honorarordnung e.V., Schriftenreihe des AHO Nr. 20, Abgrenzung der Vergütung von Objektplanungsleistungen nach der HOAI – Teil II – Freianlagen und Teil VII – Ingenieurbauwerke und Verkehrsanlagen, September 2006

AHO – Ausschuss der Verbände und Kammern der Ingenieure und Architekten für die Honorarordnung e.V., Schriftenreihe des AHO Nr. 29, Frei zu vereinbarende Leistungen zum Leistungsbild Objektplanung Freianlagen– Leistungsbild und Honorierung, März 2013

AHO – Ausschuss der Verbände und Kammern der Ingenieure und Architekten für die Honorarordnung e.V., Schriftenreihe des AHO Nr. 32, Besondere Leistungen bei der Planung von Verkehrsanlagen nach Teil 3 Abschnitt 4, § 45 HOAI 2013, April 2015

Althoff, Richard/Esch, Christian/Meyn, Bettina (Hrsg.), Praxisleitfaden HOAI, Loseblattwerk mit CD-ROM, Stand: 139. Ergänzungslieferung 2016

Bayerischer Kommunaler Prüfungsverband – BKPV (Hrsg.), Honorare der Architekten und Ingenieure für Leistungen, die Freianlagen, Verkehrsanlagen und verkehrsberuhigte Bereiche umfassen, Mitteilungen 1/2005, S. 87

Bayerischer Kommunaler Prüfungsverband – BKPV (Hrsg.), Honorare für Leistungen, die Freianlagen, Verkehrsanlagen und verkehrsberuhigte Bereiche umfassen (HOAI 2013), HIV-KOM 3/2014 und HAV-KOM 1/2014

Bundesministerium für Verkehr und digitale Infrastruktur – BMVI, Abteilung StB und Straßenbauverwaltungen der Länder in der Bund/Länder-Dienstbesprechung Auftragswesen im Bundesfernstraßenbau (Hrsg.), HVA F-StB – Handbuch für die Vergabe und Ausführung von freiberuflichen Leistungen im Straßen- und Brückenbau (HVA F-StB), Ausgabe April 2016

Depenbrock/Vogler (Hrsg.), HOAI a.F. – Honorarordnung für Architekten und Ingenieure in der Fassung vom 1.1.1996 mit der EURO-Anpassung vom 1.1.2002, Text mit amtlicher Begründung und Erläuterungen, 2. überarbeitete Aufl. 2002

DIN 276-1:2008-12 Kosten im Bauwesen – Teil 1: Hochbau, Dezember 2008

Ebert, Andreas/Stork, Karlgeorg (Hrsg.), Praxiskommentar zur HOAI 2013, Berlin 2015

Erhard, Fritz, Der gestaltete verkehrsberuhigte Bereich, in Deutsches Architektenblatt (DAB) Heft 4/2005

Erhard, Fritz in Althof/Esch (Hrsg.), WEKA Praxislösungen, – HOAI 2013, Das neue Honorarrecht sicher anwenden, Loseblattwerk mit CD-ROM, WEKA Media Verlag, Stand: November 2018

Fahrenbruch, Rainer, Kostenplanung nach der DIN 276 Kosten im Bauwesen – Teil 4: Ingenieurbau (DIN 276-4:2009-08), Stand: 29.10.2010, werner-baurecht.de

Fuchs, Heiko/Berger, Andreas/Seifert, Werner (Hrsg.), Beck'scher HOAI- und Architektenrechts-Kommentar: HOAI, München 2016

Hartmann, Rainer (Hrsg.) HOAI 2013 – Band 4: Ingenieurbauwerke, Verkehrsanlagen, Tragwerksplanung, Technische Ausrüstung, Berlin 2014

HAV-KOM – Handbuch für Architekten- und Ingenieurverträge sowie für Ausschreibung und Vergabe im kommunalen Hochbau, Stand: 28. Ergänzungslieferung August 2013

HIV-KOM – Handbuch für Ingenieurverträge und Vergabe nach VOB im kommunalen Tiefbau, Stand: 42. Ergänzungslieferung Oktober 2013

HOAI – Honorarordnung für Architekten und Ingenieure in der Fassung vom v. 17.7.2013 (Erstfassung veröffentlicht am 10.7.2013, BGBl. I S. 2276)

HOAI a.F. – Honorarordnung für Architekten und Ingenieure in der Fassung vom 11.8.2009, BGBl. I S. 2732, Text mit amtlicher Begründung (vormals geltende HOAI)

Kalte, Peter/Wiesner, Michael, Fußgängerzonen sind Freianlagen, Deutsches Ingenieurblatt (DIB), Heft 05/2007, S. 60

Kalusche, Wolfdietrich (Hrsg.) BKI Handbuch HOAI 2013, Stuttgart 2013

Korbion, Hermann/Mantscheff, Jack/Vygen, Klaus (Hrsg.), HOAI – Honorarordnung für Architekten und Ingenieure, Kommentar, München, 8. Aufl. 2013

Locher, Ulrich/Koeble, Wolfgang/Frik, Werner (Hrsg.), Kommentar zur HOAI, 13. Aufl. 2017

Messerschmidt, Burckhard/Niemöller, Christian/Preussner, Mathias, HOAI – Honorarordnung für Architekten und Ingenieure, Kommentar, München 2015

RSTO 12, Richtlinie für die Standardisierung des Oberbaus von Verkehrsflächen, Ausgabe 2012, Forschungsgesellschaft für Straßen- und Verkehrswesen

Welter, Ulrich: 10 Thesen zum Ingenieurvertrag – Leistung und Honorar müssen zwingend getrennt werden; Vergabe-Navigator, Heft 2/2011, S. 12

Vorbemerkung zu den Anhängen A und B

Die in den Anhängen A und B dargestellten Leistungen und Honorarermittlungen zum Planbeispiel formulieren einen Leistungsumfang, wie er bei Vorhaben entsprechender Art und Größe nicht unüblich ist. Die nach der HOAI gebotene Differenzierung der Honorarermittlungen aller Teile der Gesamtaufgabe führt unter Einbeziehung ergänzender Vergütungstatbestände und Besonderer Leistungen zu einer breiten Darlegung der Grundlagen und Vorgehensweisen einer regelkonformen Honorierung, die an dieser Stelle insbesondere dem Ziel folgt, eine möglichst vollständige Abbildung von honorarrelevanten Sachverhalten darzustellen. Entsprechend sind dazu auch Annahmen getroffen, die den Weg der zutreffenden Honorarermittlung aufzeigen sollen. Anhang B ist insoweit nicht als Abrechnungsmuster für den Einzelfall konzipiert.

Der in Kap. 3.1.4 dargestellte und nicht selten auf Wunsch des Auftraggebers gegebene Fall einer Bearbeitung einer Aufgabe Fußgängerbereich durch zwei oder mehr Objektplaner (Freianlagenplanung/Verkehrsanlagenplanung) löst in der Regel zusätzliche Aufwendungen und Leistungen der Koordination, Steuerung, Integration und Abstimmung sowie notwendige Regelungen zur Haftung der Auftragnehmer aus. Neben der Berücksichtigung dieser Umstände und Erschwernisse bei der Findung des Honorarsatzes kommt eine angemessene Vergütung der Leistungen durch Vereinbarung von Besonderen Leistungen infrage und kann bei komplexen Planungsaufgaben einen deutlichen Einfluss auf die Honorierung der gesamten Leistung haben.

Anhang A: Betrachtungen der Leistungen für Objekte der Freianlagen und der Verkehrsanlagen

A1 Vergleichende Betrachtung zu den jeweiligen Grundleistungen der Leistungsphasen 1 bis 9

Die Grundleistungen von Objekten der Freianlagen und Verkehrsanlagen sind in Anlage 11 Nr. 11.1 und Anlage 13, Nr. 13.1 der HOAI dargelegt. Sie werden nachfolgend vergleichend nebeneinander dargestellt. Verschiedene Grundleistungen sind hierzu in der Reihenfolge umgeordnet worden, um gleiche oder unterschiedliche Inhalte aufzuzeigen.

Freianlagen Teil 3 – Abschnitt 2 § 39 HOAI und Anlage 11.1	Verkehrsanlagen Teil 3 – Abschnitt 4 § 47 HOAI und Anlage 13.1
Lph 1 Grundlagenermittlung	**Lph 1 Grundlagenermittlung**
a) Klären der Aufgabenstellung auf Grund der Vorgaben oder der Bedarfsplanung des Auftraggebers oder vorliegender Planungs- und Genehmigungsunterlagen	a) Klären der Aufgabenstellung auf Grund der Vorgaben oder der Bedarfsplanung des Auftraggebers
b) Ortsbesichtigung	d) Ortsbesichtigung
c) Beraten zum gesamten Leistungs- und Untersuchungsbedarf	b) Ermitteln der Planungsrandbedingungen sowie Beraten zum gesamten Leistungsbedarf
d) Formulieren von Entscheidungshilfen für die Auswahl anderer an der Planung fachlich Beteiligter	c) Formulieren von Entscheidungshilfen für die Auswahl anderer an der Planung fachlich Beteiligter
e) Zusammenfassen, Erläutern und Dokumentieren der Ergebnisse	e) Zusammenfassen, Erläutern und Dokumentieren der Ergebnisse
Lph 2 Vorplanung (Projekt- und Planungsvorbereitung)	**Lph 2 Vorplanung (Projekt- und Planungsvorbereitung)**
.	a) Beschaffen und Auswerten amtlicher Karten
a) Analysieren der Grundlagen, Abstimmen der Leistungen mit den fachlich an der Planung Beteiligten	b) Analysieren der Grundlagen
b) Abstimmen der Zielvorstellungen	c) Abstimmen der Zielvorstellungen auf die öffentlich-rechtlichen Randbedingungen sowie Planungen Dritter
c) Erfassen, Bewerten und Erläutern der Wechselwirkungen im Ökosystem	

Freianlagen Teil 3 – Abschnitt 2 § 39 HOAI und Anlage 11.1	**Verkehrsanlagen Teil 3 – Abschnitt 4 § 47 HOAI und Anlage 13.1**
	d) Untersuchen von Lösungsmöglichkeiten mit ihren Einflüssen auf bauliche und konstruktive Gestaltung, Zweckmäßigkeit, Wirtschaftlichkeit unter Beachtung der Umweltverträglichkeit
d) Erarbeiten eines Planungskonzepts einschließlich Untersuchen und Bewerten von Varianten nach gleichen Anforderungen unter Berücksichtigung zum Beispiel – der Topographie und der weiteren standörtlichen und ökologischen Rahmenbedingungen, – der Umweltbelange einschließlich der natur- und artenschutzrechtlichen Anforderungen und der vegetationstechnischen Bedingungen, – der gestalterischen und funktionalen Anforderungen, – Klären der wesentlichen Zusammenhänge, Vorgänge und Bedingungen, – Abstimmen oder Koordinieren unter Integration der Beiträge anderer an der Planung fachlich Beteiligter	e) Erarbeiten eines Planungskonzepts einschließlich Untersuchung von bis zu 3 Varianten nach gleichen Anforderungen mit zeichnerischer Darstellung und Bewertung unter Einarbeitung der Beiträge anderer an der Planung fachlich Beteiligter – Überschlägige verkehrstechnische Bemessung der Verkehrsanlage, Ermitteln der Schallimmissionen von der Verkehrsanlage an kritischen Stellen nach Tabellenwerten – Untersuchen der möglichen Schallschutzmaßnahmen, ausgenommen detaillierte schalltechnische Untersuchungen
e) Darstellen des Vorentwurfs mit Erläuterungen und Angaben zum terminlichen Ablauf	
	f) Klären und Erläutern der wesentlichen fachspezifischen Zusammenhänge, Vorgänge und Bedingungen
	g) Vorabstimmen mit Behörden und anderen an der Planung fachlich Beteiligten über die Genehmigungsfähigkeit, gegebenenfalls Mitwirken bei Verhandlungen über die Bezuschussung und Kostenbeteiligung
	h) Mitwirken beim Erläutern des Planungskonzepts gegenüber Dritten an bis zu 2 Terminen
	i) Überarbeiten des Planungskonzepts nach Bedenken und Anregungen
	j) Bereitstellen von Unterlagen als Auszüge aus der Voruntersuchung zur Verwendung für ein Raumordnungsverfahren

Freianlagen **Teil 3 – Abschnitt 2** **§ 39 HOAI und Anlage 11.1**	**Verkehrsanlagen** **Teil 3 – Abschnitt 4** **§ 47 HOAI und Anlage 13.1**
f) Kostenschätzung, zum Beispiel nach DIN 276, Vergleich mit den finanziellen Rahmenbedingungen g) Zusammenfassen, Erläutern und Dokumentieren der Vorplanungsergebnisse	k) Kostenschätzung, Vergleich mit den finanziellen Rahmenbedingungen l) Zusammenfassen, Erläutern und Dokumentieren
Lph 3 Entwurfsplanung (System- und Integrationsplanung) a) Erarbeiten der Entwurfsplanung auf Grundlage der Vorplanung unter Vertiefung zum Beispiel der gestalterischen, funktionalen, wirtschaftlichen, standörtlichen, ökologischen, natur- und artenschutzrechtlichen Anforderungen, Abstimmen oder Koordinieren unter Integration der Beiträge anderer an der Planung fachlich Beteiligter b) Abstimmen der Planung mit zu beteiligenden Stellen und Behörden c) Darstellen des Entwurfs zum Beispiel im Maßstab 1:500 bis 1:100, mit erforderlichen Angaben insbesondere – zur Bepflanzung, – zu Materialien und Ausstattungen, – zu Maßnahmen auf Grund rechtlicher Vorgaben, – zum terminlichen Ablauf d) Objektbeschreibung mit Erläuterung von Ausgleichs- und Ersatzmaßnahmen nach Maßgabe der naturschutzrechtlichen Eingriffsregelung	**Lph 3 Entwurfsplanung** a) Erarbeiten des Entwurfs auf Grundlage der Vorplanung durch zeichnerische Darstellung im erforderlichen Umfang und Detaillierungsgrad unter Berücksichtigung aller fachspezifischen Anforderungen Bereitstellen der Arbeitsergebnisse als Grundlage für die anderen an der Planung fachlich Beteiligten, sowie Integration und Koordination der Fachplanungen b) Erläuterungsbericht unter Verwendung der Beiträge anderer an der Planung fachlich Beteiligter c) Fachspezifische Berechnungen, ausgenommen Berechnungen aus anderen Leistungsbildern d) Ermitteln der zuwendungsfähigen Kosten, Mitwirken beim Aufstellen des Finanzierungsplans sowie Vorbereiten der Anträge auf Finanzierung e) Mitwirken beim Erläutern des vorläufigen Entwurfs gegenüber Dritten an bis zu drei Terminen, Überarbeiten des vorläufigen Entwurfs auf Grund von Bedenken und Anregungen

Freianlagen **Teil 3 – Abschnitt 2** **§ 39 HOAI und Anlage 11.1**	**Verkehrsanlagen** **Teil 3 – Abschnitt 4** **§ 47 HOAI und Anlage 13.1**
	f) Vorabstimmung der Genehmigungsfähigkeit mit Behörden und anderen an der Planung fachlich Beteiligten
e) Kostenberechnung, zum Beispiel nach DIN 276 einschließlich zugehöriger Mengenermittlung	g) Kostenberechnung einschließlich zugehöriger Mengenermittlung, Vergleich der Kostenberechnung mit der Kostenschätzung
f) Vergleich der Kostenberechnung mit der Kostenschätzung	
	h) Überschlägige Festlegung der Abmessungen von Ingenieurbauwerken
	i) Ermitteln der Schallimmissionen von der Verkehrsanlage nach Tabellenwerten; Festlegen der erforderlichen Schallschutzmaßnahmen an der Verkehrsanlage, gegebenenfalls. unter Einarbeitung der Ergebnisse detaillierter schalltechnischer Untersuchungen und Feststellen der Notwendigkeit von Schallschutzmaßnahmen an betroffenen Gebäuden
	j) Rechnerische Festlegung des Objekts
	k) Darlegen der Auswirkungen auf Zwangspunkte
	l) Nachweis der Lichtraumprofile
	m) Ermitteln der wesentlichen Bauphasen unter Berücksichtigung der Verkehrslenkung und der Aufrechterhaltung des Betriebes während der Bauzeit
	n) Bauzeiten- und Kostenplan
g) Zusammenfassen, Erläutern und Dokumentieren der Entwurfsplanungsergebnisse	o) Zusammenfassen, Erläutern und Dokumentieren der Ergebnisse
Lph 4 Genehmigungsplanung	**Lph 4 Genehmigungsplanung**
a) Erarbeiten und Zusammenstellen der Vorlagen und Nachweise für öffentlich-rechtliche Genehmigungen oder Zustimmungen einschließlich der Anträge auf Ausnahmen und Befreiungen, sowie notwendiger Verhandlungen mit Behörden unter Verwendung der Beiträge anderer an der Planung fachlich Beteiligter	a) Erarbeiten und Zusammenstellen der Unterlagen für die erforderlichen öffentlich-rechtlichen Verfahren oder Genehmigungsverfahren einschließlich der Anträge auf Ausnahmen und Befreiungen, Aufstellen des Bauwerksverzeichnisses unter Verwendung der Beiträge anderer an der Planung fachlich Beteiligter

Freianlagen Teil 3 – Abschnitt 2 § 39 HOAI und Anlage 11.1	Verkehrsanlagen Teil 3 – Abschnitt 4 § 47 HOAI und Anlage 13.1
b) Einreichen der Vorlagen	
	b) Erstellen des Grunderwerbsplans und des Grunderwerbsverzeichnisses unter Verwendung der Beiträge anderer an der Planung fachlich Beteiligter
c) Ergänzen und Anpassen der Planungsunterlagen, Beschreibungen und Berechnungen	c) Vervollständigen und Anpassen der Planungsunterlagen, Beschreibungen und Berechnungen unter Verwendung der Beiträge anderer an der Planung fachlich Beteiligter
	d) Abstimmen mit Behörden
	e) Mitwirken in Genehmigungsverfahren einschließlich der Teilnahme an bis zu vier Erläuterungs-, Erörterungsterminen
	f) Mitwirken beim Abfassen von Stellungnahmen zu Bedenken und Anregungen in bis zu 10 Kategorien
Lph 5 Ausführungsplanung	**Lph 5 Ausführungsplanung**
a) Erarbeiten der Ausführungsplanung auf Grundlage der Entwurfs- und Genehmigungsplanung bis zur ausführungsreifen Lösung als Grundlage für die weiteren Leistungsphasen	a) Erarbeiten der Ausführungsplanung auf Grundlage der Ergebnisse der Leistungsphasen 3 und 4 unter Berücksichtigung aller fachspezifischen Anforderungen und Verwendung der Beiträge anderer an der Planung fachlich Beteiligter bis zur ausführungsreifen Lösung
b) Erstellen von Plänen oder Beschreibungen, je nach Art des Bauvorhabens zum Beispiel im Maßstab 1:200 bis 1:50	b) Zeichnerische Darstellung, Erläuterungen und zur Objektplanung gehörige Berechnungen mit allen für die Ausführung notwendigen Einzelangaben einschließlich Detailzeichnungen in den erforderlichen Maßstäben
c) Abstimmen oder Koordinieren unter Integration der Beiträge anderer an der Planung fachlich Beteiligter	
	c) Bereitstellen der Arbeitsergebnisse als Grundlage für die anderen an der Planung fachlich Beteiligten und Integrieren ihrer Beiträge bis zur ausführungsreifen Lösung

Freianlagen **Teil 3 – Abschnitt 2** **§ 39 HOAI und Anlage 11.1**	**Verkehrsanlagen** **Teil 3 – Abschnitt 4** **§ 47 HOAI und Anlage 13.1**
d) Darstellen der Freianlagen mit den für die Ausführung notwendigen Angaben, Detail- oder Konstruktionszeichnungen, insbesondere – zu Oberflächenmaterial, -befestigungen und -relief, – zu ober- und unterirdischen Einbauten und Ausstattungen, – zur Vegetation mit Angaben zu Arten, Sorten und Qualitäten, – zu landschaftspflegerischen, naturschutzfachlichen oder artenschutzrechtlichen Maßnahmen	
e) Fortschreiben der Angaben zum terminlichen Ablauf	
f) Fortschreiben der Ausführungsplanung während der Objektausführung	d) Vervollständigen der Ausführungsplanung während der Objektausführung
Lph 6 Vorbereitung der Vergabe	**Lph 6 Vorbereitung der Vergabe**
	a) Ermitteln von Mengen nach Einzelpositionen unter Verwendung der Beiträge anderer an der Planung fachlich Beteiligter
a) Aufstellen von Leistungsbeschreibungen mit Leistungsverzeichnissen	b) Aufstellen der Vergabeunterlagen, insbesondere Anfertigen der Leistungsbeschreibungen mit Leistungsverzeichnissen sowie der Besonderen Vertragsbedingungen
b) Ermitteln und Zusammenstellen von Mengen auf Grundlage der Ausführungsplanung	
c) Abstimmen oder Koordinieren der Leistungsbeschreibungen mit den an der Planung fachlich Beteiligten	c) Abstimmen und Koordinieren der Schnittstellen zu den Leistungsbeschreibungen der anderen an der Planung fachlich Beteiligten
	d) Festlegen der wesentlichen Ausführungsphasen
d) Aufstellen eines Terminplans unter Berücksichtigung jahreszeitlicher, bauablaufbedingter und witterungsbedingter Erfordernisse	
e) Ermitteln der Kosten auf Grundlage der vom Planer bepreisten Leistungsverzeichnisse	e) Ermitteln der Kosten auf Grundlage der vom Planer (Entwurfsverfasser) bepreisten Leistungsverzeichnisse

Freianlagen Teil 3 – Abschnitt 2 § 39 HOAI und Anlage 11.1	Verkehrsanlagen Teil 3 – Abschnitt 4 § 47 HOAI und Anlage 13.1
f) Kostenkontrolle durch Vergleich der vom Planer bepreisten Leistungsverzeichnisse mit der Kostenberechnung	f) Kostenkontrolle durch Vergleich der vom Planer (Entwurfsverfasser) bepreisten Leistungsverzeichnisse mit der Kostenberechnung
g) Zusammenstellen der Vergabeunterlagen	g) Zusammenstellen der Vergabeunterlagen
Lph 7 Mitwirkung bei der Vergabe	**Lph 7 Mitwirkung bei der Vergabe**
a) Einholen von Angeboten	a) Einholen von Angeboten
b) Prüfen und Werten der Angebote einschl. Aufstellen eines Preisspiegels nach Einzelpositionen oder Teilleistungen, Prüfen und Werten der Angebote zusätzlicher und geänderter Leistungen der ausführenden Unternehmen und der Angemessenheit der Preise	b) Prüfen und Werten der Angebote, Aufstellen der Preisspiegel
	c) Abstimmen und Zusammenstellen der Leistungen der fachlich Beteiligten, die an der Vergabe mitwirken
c) Führen von Bietergesprächen	d) Führen von Bietergesprächen
d) Erstellen der Vergabevorschläge Dokumentation des Vergabeverfahrens	e) Erstellen der Vergabevorschläge, Dokumentation des Vergabeverfahrens
e) Zusammenstellen der Vertragsunterlagen	f) Zusammenstellen der Vertragsunterlagen
f) Kostenkontrolle durch Vergleichen der Ausschreibungsergebnisse mit den vom Planer bepreisten Leistungsverzeichnissen und der Kostenberechnung	g) Vergleichen der Ausschreibungsergebnisse mit den vom Planer bepreisten Leistungsverzeichnissen und der Kostenberechnung
g) Mitwirken bei der Auftragserteilung	h) Mitwirken bei der Auftragserteilung
Lph 8 Objektüberwachung (Bauüberwachung) und Dokumentation	**Lph 8 Bauoberleitung**
	a) Aufsicht über die örtliche Bauüberwachung, Koordinierung der an der Objektüberwachung fachlich Beteiligten, einmaliges Prüfen von Plänen auf Übereinstimmung mit dem auszuführenden Objekt und Mitwirken bei deren Freigabe

Freianlagen Teil 3 – Abschnitt 2 § 39 HOAI und Anlage 11.1	**Verkehrsanlagen Teil 3 – Abschnitt 4 § 47 HOAI und Anlage 13.1**
a) Überwachen der Ausführung des Objekts auf Übereinstimmung mit der Genehmigung oder Zustimmung, den Verträgen mit ausführenden Unternehmen, den Ausführungsunterlagen, den einschlägigen Vorschriften sowie mit den allgemein anerkannten Regeln der Technik	
b) Überprüfen von Pflanzen- und Materiallieferungen	
c) Abstimmen mit den oder Koordinieren der an der Objektüberwachung fachlich Beteiligten	
d) Fortschreiben und Überwachen des Terminplans unter Berücksichtigung jahreszeitlicher, bauablaufbedingter und witterungsbedingter Erfordernisse	b) Aufstellen, Fortschreiben und Überwachen eines Terminplans (Balkendiagramm)
e) Dokumentation des Bauablaufes (zum Beispiel Bautagebuch), Feststellen des Anwuchsergebnisses	
	c) Veranlassen und Mitwirken daran, die ausführenden Unternehmen in Verzug zu setzen
f) Mitwirken beim Aufmaß mit den bauausführenden Unternehmen	
g) Rechnungsprüfung einschließlich Prüfen der Aufmaße der ausführenden Unternehmen	
h) Vergleich der Ergebnisse der Rechnungsprüfungen mit den Auftragssummen einschließlich Nachträgen	
i) Organisation der Abnahme der Bauleistungen unter Mitwirkung anderer an der Planung und Objektüberwachung fachlich Beteiligter, Feststellung von Mängeln, Abnahmeempfehlung für den Auftraggeber	e) Abnahme von Bauleistungen, Leistungen und Lieferungen unter Mitwirkung der örtlichen Bauüberwachung und anderer an der Planung und Objektüberwachung fachlich Beteiligter, Feststellen von Mängeln, Fertigen einer Niederschrift über das Ergebnis der Abnahme
j) Antrag auf öffentlich-rechtliche Abnahmen und Teilnahme daran	f) Antrag auf behördliche Abnahmen und Teilnahme daran

Freianlagen Teil 3 – Abschnitt 2 § 39 HOAI und Anlage 11.1	Verkehrsanlagen Teil 3 – Abschnitt 4 § 47 HOAI und Anlage 13.1
	g) Überwachen der Prüfungen der Funktionsfähigkeit der Anlagenteile und der Gesamtanlage
k) Übergabe des Objekts	h) Übergabe des Objekts
l) Überwachen der Beseitigung der bei der Abnahme festgestellten Mängel	
m) Auflisten der Verjährungsfristen für Mängelansprüche	i) Auflisten der Verjährungsfristen der Mängelansprüche
n) Überwachen der Fertigstellungspflege bei vegetationstechnischen Maßnahmen	
o) Kostenkontrolle durch Überprüfen der Leistungsabrechnung der bauausführenden Unternehmen im Vergleich zu den Vertragspreisen	
p) Kostenfeststellung, zum Beispiel nach DIN 276	d) Kostenfeststellung, Vergleich der Kostenfeststellung mit der Auftragssumme
q) Systematische Zusammenstellung der Dokumentation, zeichnerischen Darstellungen und rechnerischen Ergebnisse des Objekts	j) Zusammenstellen und Übergeben der Dokumentation des Bauablaufs, der Bestandsunterlagen und der Wartungsvorschriften
Lph 9 Objektbetreuung	**Lph 9 Objektbetreuung**
a) Fachliche Bewertung der innerhalb der Verjährungsfristen für Gewährleistungsansprüche festgestellten Mängel, längstens jedoch bis zum Ablauf von 5 Jahren seit Abnahme der Leistung, einschließlich notwendiger Begehungen	a) Fachliche Bewertung der innerhalb der Verjährungsfristen für Gewährleistungsansprüche festgestellten Mängel, längstens jedoch bis zum Ablauf von fünf Jahren seit Abnahme der Leistung, einschließlich notwendiger Begehungen
b) Objektbegehung zur Mängelfeststellung vor Ablauf der Verjährungsfristen für Mängelansprüche gegenüber den ausführenden Unternehmen	b) Objektbegehung zur Mängelfeststellung vor Ablauf der Verjährungsfristen für Mängelansprüche gegenüber den ausführenden Unternehmen
c) Mitwirken bei der Freigabe von Sicherheitsleistungen	c) Mitwirken bei der Freigabe von Sicherheitsleistungen

Bei dieser Betrachtung im Detail zeigt sich, dass die Leistungsbilder der betrachteten Objektplanungen verwandt sind, aber doch bei einzelnen Leistungsphasen und in den Grundleistungen voneinander abweichen.

Besonders auffallend ist der Unterschied in den Leistungsphasen 8, die

- für Objekte der Freianlagen in § 39 Abs. 2 und Anlage 11 Nr. 11.1 HOAI alle Leistungen der Objektüberwachung,
- für Objekte der Verkehrsanlagen in § 47 Abs. 1 und Anlage 13 Nr. 13.1 HOAI nur die Leistungen der Bauoberleitung und nicht die Leistungen der örtlichen Bauüberwachung[20]

umfassen.

Wer Tafelwerte vergleicht, muss diese Unterschiede der Leistungsbilder einbeziehen. So wird z.B. bei einem Vergleich der Tafelwerte für Freianlagen in § 40 Abs. 1 HOAI zu den Tafelwerten von Verkehrsanlagen in § 48 Abs. 1 HOAI ein Unterschied der Tafelwerte deutlich, der sich bei Letzteren u.a. durch das Fehlen der Leistungen für eine örtliche Bauüberwachung begründet. Wenn die Vergütung für dort als Besondere Leistungen einzuordnende Leistungen wie die Örtliche Bauüberwachung einbezogen wird, nähern sich die Vergleichswerte an. Bei detaillierter Betrachtung einzelner Leistungsphasen kann sich der Tafelwert-Unterschied zugunsten von Freianlagen im Einzelfall ins Gegenteil verkehren.

Grund genug, die jeweils gegebenen Besonderen Leistungen näher zu betrachten.

A2 Besondere Leistungen, die zu Grundleistungen der Leistungsphasen 1 bis 9 hinzukommen können

Nach den Regelungen in § 3 Abs. 3 HOAI sind Besondere Leistungen anzunehmen, wenn es um Leistungen geht, die:

- im betreffenden Leistungsbild als Besondere Leistungen aufgezählt sind

oder

- für andere Leistungsbilder und Leistungsphasen, denen sie nicht als Besondere Leistungen zugeordnet sind, vereinbart werden, soweit sie dort keine Grundleistungen darstellen.

Indem § 3 Abs. 3 Satz 1 HOAI klarstellt, dass die in den Leistungsbildern der Anlagen enthaltene Aufzählung nicht abschließend ist, sind Besondere Leistungen auch dann gegeben, wenn sie

- bei keinem der Leistungsbilder und Leistungsphasen als Besondere Leistungen erwähnt sind, soweit sie keine Grundleistungen des betreffenden Leistungsbilds darstellen.

Der Verordnungstext ist damit ungewöhnlich offen formuliert. Der Begriff der Besonderen Leistung wird nicht definiert. Er erklärt sich letztlich in den Leistungsbildern der HOAI sowie darüber hinaus in allen weiteren denkbaren Leistungen, soweit sie nicht als Grundleistungen des konkret zu erbringenden Leistungsbilds gelten.

20 Vgl. Heft Nr. 2 der Schriftenreihe des AHO, S. 1 ff.

Für die Betrachtung der Besonderen Leistungen für Objekte der Freianlagen und solche der Verkehrsanlagen sind somit zunächst die Leistungsbilder und Grundleistungskataloge in den Anlagen 11 Nr. 11.1 und 13 Nr. 13.1 maßgeblich.[21]

Für Objekte der Freianlagen sowie der Verkehrsanlagen sind folglich als Besondere Leistungen bestimmt:

- Die in den Leistungsbildern und Grundleistungskatalogen in den Anlagen 11 Nr. 11.1 und 13 Nr. 13.1 jeweils aufgezählten Besonderen Leistungen.

Soweit sie keine Grundleistungen des Leistungsbilds darstellen, gelten darüber hinaus ebenfalls als Besondere Leistungen:

- Leistungen, die bei anderen Leistungsbildern in den Anlagen 1 sowie 9 bis 15 der HOAI den Besonderen Leistungen zugeordnet sind;
- Leistungen, die in den Aufzählungen der Besonderen Leistungen in der HOAI nicht genannt sind (Besondere Leistungen sind nach § 3 Abs. 3 HOAI nicht abschließend aufgezählt);
- Leistungen, die als Grundleistungen in anderen Leistungsbildern genannt sind. So z.B. wenn für eine Friedhofserweiterung als Objekt der Freianlagen die „Erstellung eines Grunderwerbsplanes und des Grunderwerbsverzeichnisses" erforderlich wird. Die HOAI bestimmt nicht, wie Leistungen, die nicht den Grundleistungen des zugeordneten Objekts und Leistungsbilds angehören, dafür aber bei einem anderen Leistungsbild zu den Grundleistungen gehören, bemessen werden müssen. Weil ein Friedhof nicht zu Objekten der Verkehrsanlagen, sondern zu solchen der Freianlagen gehört, ist für die „Erstellung eines Grunderwerbsplanes und des Grunderwerbsverzeichnisses", die im Leistungsbild Freianlagen nicht als Grundleistung gilt, eine Vergütung als Besondere Leistung geboten.

  Auffassungen, die darauf verweisen, dass solche Grundleistungen stets nach den Vergütungsregeln der ihnen zugehörigen Leistungsbilder vergütet werden müssen, missverstehen die Regelung in § 3 Abs. 3 HOAI, die diesen Fall gar nicht anspricht. Die Auffassung, dass solche Leistungen, die in einem fremden Leistungsbild als Grundleistungen genannt sind, dazu führen, dass dann neben den Grundleistungen für das konkret zutreffende Objekt auch „fremde" Grundleistungen für ein anderes Objekt vergütet werden, mithin Leistungen für zwei Objekte vergütet werden und in dieser Folge die anrechenbaren Kosten dementsprechend getrennt werden müssten, ist abwegig. Die Regelung in § 3 Abs. 3 HOAI legt vielmehr klar, dass Leistungen, die zu einem Leistungsbild hinzukommen und dort nicht als Grundleistungen bestimmt sind, als Besondere Leistungen gelten und deren Vergütung entsprechend zu vereinbaren ist.

  Insoweit ist bei vermischten Leistungspflichten von Grundleistungen aus verschiedenen Leistungsbildern entweder von getrennten Objekten auszugehen, die jeweils getrennt vergütet werden müssen, oder im Fall lediglich eines zuzuordnenden Objekts ist davon auszugehen, dass die zu erbringenden Grundleistungen aus anderen Leistungsbildern dann als Besondere Leistungen anzusehen sind. Für deren frei zu vereinbarende Vergütung ist auch keine Anlehnung an Vergütungsregeln der in einem anderen Leistungsbild als Grundleistungen gegebenen Verpreisung zu beachten.

21 Vgl. Heft Nr. 29 der Schriftenreihe des AHO, S. 13 ff. sowie Heft Nr. 32 der Schriftenreihe des AHO, S. 5 ff.

Darüber hinaus sind von der offenen Bestimmung für Besondere Leistungen auch solche Leistungen umfasst, die infolge von Deregulierungen der HOAI im Zuge von Novellierungen aus dem Regelungsumfang entfallen sind. So gelten z.B. auch die folgenden Leistungen als Besondere Leistungen, soweit sie im konkreten Leistungsbild keine Grundleistungen darstellen:

- Gestalterische Einbindung von Ingenieurbauwerken und Verkehrsanlagen in die Umgebung (in den Fassungen der HOAI vor 2009 in § 17 Abs. 3 HOAI 2002 als Regelung enthalten und mit der HOAI 2009 entfallen). Sie umfassten die Leistungen für die gestalterische Einbindung anderer Objekte durch den Auftragnehmer der Objektplanung Freianlagen. Der Aufwand, der im Zuge der Freianlagenplanungen für die Leistungen der Einbindung anderer Objekte anfällt, wurde (und wird) in der HOAI weder eigens geregelt noch über anrechenbare Kosten oder Honorarzonen berücksichtigt. Derartige Leistungen sind seither als Besondere Leistungen zuzuordnen und individuell frei zu vereinbaren.
- Örtliche Bauüberwachung für Verkehrsanlagen. Hierzu sind für Objekte der Verkehrsanlagen gemäß Anlage 13 HOAI in der Regel[22] folgende Leistungen zu erbringen:
  - Plausibilitätsprüfung der Absteckung
  - Überwachen der Ausführung der Bauleistungen
  - Mitwirken beim Einweisen des Auftragnehmers in die Baumaßnahme (Bauanlaufbesprechung)
  - Überwachen der Ausführung des Objekts auf Übereinstimmung mit den zur Ausführung freigegebenen Unterlagen, dem Bauvertrag und den Vorgaben des Auftraggebers
  - Prüfen und Bewerten der Berechtigung von Nachträgen
  - Durchführen oder Veranlassen von Kontrollprüfungen
  - Überwachen der Beseitigung der bei der Abnahme der Leistungen festgestellten Mängel
  - Dokumentation des Bauablaufs
  - Mitwirken beim Aufmaß mit den ausführenden Unternehmen und Prüfen der Aufmaße
  - Mitwirken bei behördlichen Abnahmen
  - Mitwirken bei der Abnahme von Leistungen und Lieferungen
  - Rechnungsprüfung, Vergleich der Ergebnisse der Rechnungsprüfungen mit der Auftragssumme
  - Mitwirken beim Überwachen der Prüfung der Funktionsfähigkeit der Anlagenteile und der Gesamtanlage
  - Überwachen der Ausführung von Tragwerken nach Anlage 14.2 Honorarzone I und II mit sehr geringen und geringen Planungsanforderungen auf Übereinstimmung mit dem Standsicherheitsnachweis

  Für die Vergütung der Örtlichen Bauüberwachung als Prozentsatz aus den anrechenbaren Kosten nach §§ 4 und 46 HOAI wird vom AHO empfohlen:[23]

22 Vgl. Heft Nr. 2 der Schriftenreihe des AHO, Kap. 3.
23 Vgl. Heft Nr. 2 der Schriftenreihe des AHO, Kap. 4.

Anrechenbare Kosten in €	Von-Satz in %	Regelsatz in %	Bis-Satz in %
25.000	3,1	3,6	4,1
1.000.000	2,9	3,4	3,9
15.000.000	2,5	3,0	3,5
25.000.000	1,9	2,4	2,9

Zwischenwerte sind linear zu interpolieren. Bei der Anwendung der o.g. Berechnungsregel ist im Übrigen zu berücksichtigen, dass bei Realisierung einer Gesamtbaumaßnahme in Abschnitten die anrechenbaren Kosten des jeweiligen Bauabschnitts zugrunde gelegt werden.

Die Anwendung dieser Tafel kann von den Parteien frei vereinbart werden.

- Sonstige landschaftsplanerische Leistungen, deren Vergütung in der HOAI in den Fassungen vor 2009 enthalten und geregelt war. Folgende Leistungen waren hierzu in § 50 erwähnt:
    1. Gutachten zu Einzelfragen der Planung, ökologische Gutachten, Gutachten zu Baugesuchen,
    2. Beratungen bei Gestaltungsfragen,
    3. besondere Plandarstellungen und Modelle,
    4. Ausarbeitungen von Satzungen, Teilnahme an Verhandlungen mit Behörden und an Sitzungen der Gemeindevertretungen nach Fertigstellung der Planung,
    5. Beiträge zu Plänen und Programmen der Landes- oder Regionalplanung.

Aufgrund der unterschiedlichen Leistungsbilder in Anlage 11 Nr. 11.1 und 13 Nr. 13.1 der HOAI (siehe Anlage A1) ergeben sich für Objekte der Freianlagen und der Verkehrsanlagen Besonderheiten bei der Feststellung von Besonderen Leistungen. So sind im Leistungsbild Verkehrsanlagen u.a. folgende Grundleistungen im Leistungsumfang enthalten, die für Leistungen im Leistungsbild Freianlagen als Besondere Leistungen gelten:

- Mitwirken an bis zu zwei Terminen bei Erläutern des Planungskonzepts gegenüber Dritten im Rahmen der Lph 2,
- Mitwirken an bis zu drei Terminen bei Erläutern des vorläufigen Entwurfs gegenüber Dritten im Rahmen der Lph 3,
- Mitwirken in Genehmigungsverfahren einschließlich der Teilnahme an bis zu vier Erläuterungs-, Erörterungsterminen im Rahmen der Lph 4,
- Beschaffen und Auswerten amtlicher Karten,
- im Rahmen der Lph 2 Vorabstimmen mit Behörden und anderen an der Planung fachlich Beteiligten über die Genehmigungsfähigkeit, ggf. Mitwirken bei Verhandlungen über die Bezuschussung und Kostenbeteiligung,
- Ermitteln der zuwendungsfähigen Kosten,
- Mitwirken beim Aufstellen des Finanzierungsplans sowie Vorbereiten der Anträge auf Finanzierung,

- Erstellen des Grunderwerbsplans und des Grunderwerbsverzeichnisses unter Verwendung der Beiträge anderer an der Planung fachlich Beteiligter.

Und so sind im Leistungsbild Freianlagen u.a. folgende Grundleistungen im Leistungsumfang enthalten, die für Leistungen im Leistungsbild Verkehrsanlagen als Besondere Leistungen gelten:

- Erfassen, Bewerten und Erläutern der Wechselwirkungen im Ökosystem,
- Überprüfen von Pflanzen- und Materiallieferungen.

Des Weiteren ergeben sich solche Unterschiede auch durch im Leistungsbild Verkehrsanlagen ausdrücklich erwähnte Besondere Leistungen, die im Leistungsbild Freianlagen bei den Grundleistungen erfasst sind. So ist z.B. bei Verkehrsanlagen als Besondere Leistung in Lph 8 erwähnt: Prüfen von Nachträgen. Bei Freianlagen ist in Grundleistung 7b) enthalten: Prüfen und Werten der Angebote zusätzlicher und geänderter Leistungen der ausführenden Unternehmen und der Angemessenheit der Preise.

Anhang B: Fallbeispiel zur Honorarermittlung

B1 Leistungs- und Vergütungszuordnung für Planungsleistungen zu einem Innenstadtbereich (Straßen/Parkplätze/verkehrsberuhigte Bereiche/Fußgängerbereiche)

Beauftragung an Preisträger aus dem Wettbewerb für den Teilbereich Rathausplatz sowie – zeitlich und finanzierungsgetrennt – für weiteres Plangebiet anhand der Karte:

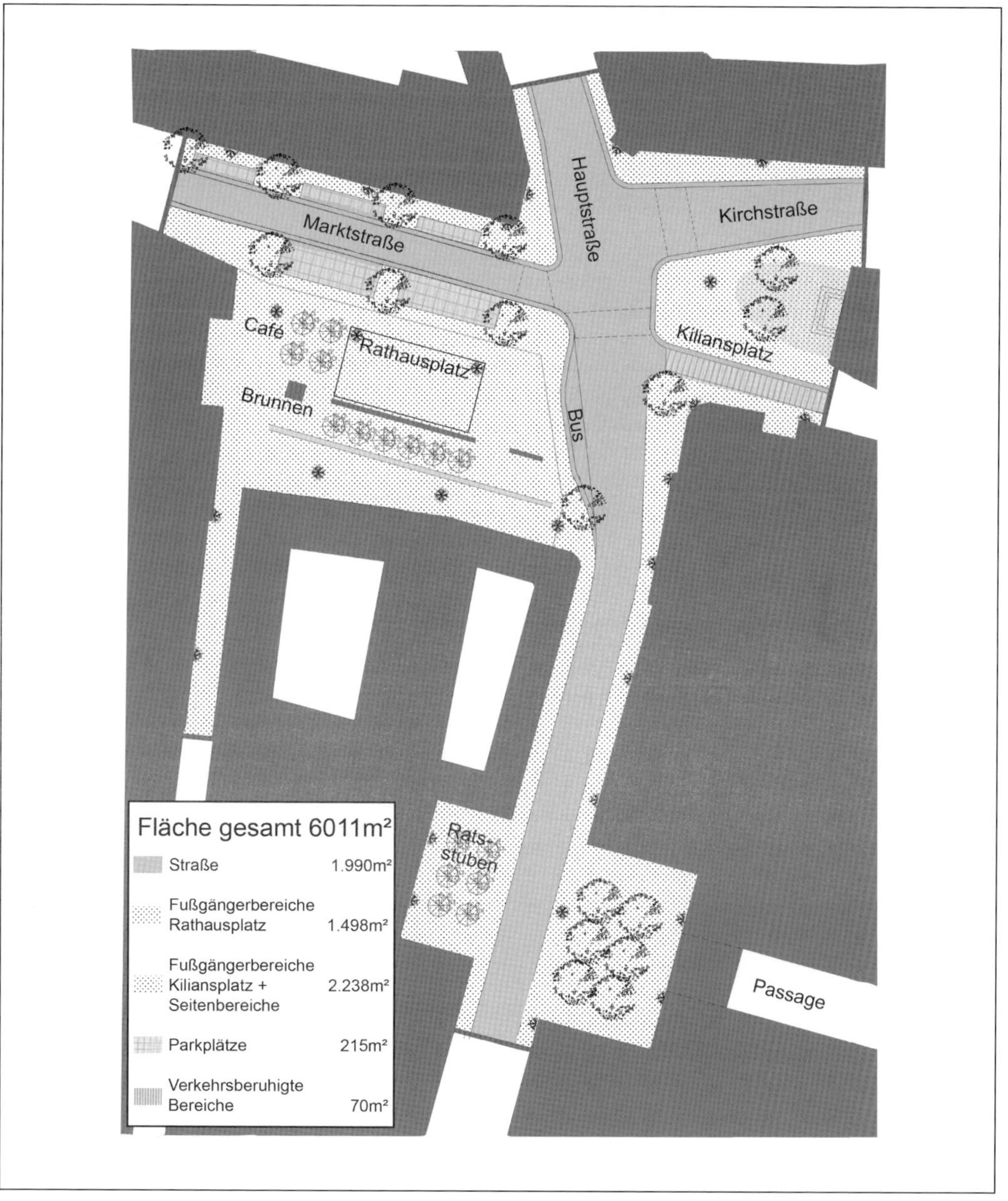

Differenzierte Ermittlung im konkreten Fall für Straßen/ Parkplätze/verkehrsberuhigte Bereiche/Fußgängerbereiche

Stufe 1 – Feststellung der zu erbringenden Leistungen anhand der Aufgabenstellungen des Auftraggebers und den Grundsätzen der HOAI zur Zuordnung zu Objekten und Leistungsbildern

Stufe 2 – Feststellung der Anforderungen der Planung/Honorarzone je Objekt

Stufe 3 – Feststellung von Sachständen bei gegebenen Objekten als Umbauten und Modernisierungen

Stufe 1 bis 3 – Feststellung der zu erbringenden Leistungen und Zuordnung zu Objekten		**Zuordnung zum Leistungsbild**	**Honorarzone/ Umbauzuschlag**
1.1	Fußgängerbereich Rathausplatz (Wettbewerbsbereich) bei Einbindung des vorhandenen Brunnens, anteilig für die Oberflächenbefestigung und Ausstattung	Freianlagen	IV Umbau
1.2	Fußgängerbereich Rathausplatz bei Verwendung von Teilen des Oberbaus, anteilig für Unter- und Oberbau	Verkehrsanlagen	III Umbau
2.1	Fußgängerbereich Kiliansplatz und Vorplätze, Seitenbereiche von Hauptstraße, Marktstraße und Kirchstraße, anteilig für die Oberflächenbefestigung und Ausstattung (zeitlich und finanzierungsgetrennt zu 1.1)	Freianlagen	IV Umbau
2.2	Fußgängerbereich Kiliansplatz und Vorplätze, Seitenbereiche von Hauptstraße, Marktstraße und Kirchstraße, anteilig für Unter- und Oberbau	Verkehrsanlagen	III Umbau
3	Verkehrsberuhigte Fläche als Überfahrt Kiliansplatz bei Verwendung von Teilen des Oberbaus	Verkehrsanlagen	IV Umbau
4	Fahrbahnen und Haltestellenbucht von Hauptstraße, Marktstraße und Kirchstraße bei Verwendung von Teilen des Oberbaus, räumlich und zeitlich zusammenhängend bearbeitet	Verkehrsanlagen	III Umbau
5	Parkplätze an der Marktstraße bei Verwendung von Teilen des Oberbaus	Verkehrsanlagen	II Umbau

Stufe 4 – Festlegung von erforderlichen Grundleistungen je Objekt und Leistungsbild sowie deren Bewertung in %

Vereinbarung des Zuschlags für Umbauten und Modernisierungen

Objekte	Leistungsbild/Leistungsphasen (Lph)	Leistungsbewertung Grundleistungen/ Besondere Leistungen	Zuschlag für Umbauten und Modernisierungen
Freianlagen § 39 Abs.3 HOAI Lph 1 bis 9		Lph 1 3 % Lph 2 10 % Lph 3 16 % Lph 4 4 % Lph 5 25 % Lph 6 7 % Lph 7 3 % Lph 8 30 % Lph 9 2 %	nach §§ 6 Abs. 2, 40 Abs. 6 i.V.m. § 36 Abs. 1 HOAI Prozentsatz bei • Honorarzone I und II nicht bestimmt • Honorarzone III bis 33 % • Honorarzone IV und V nicht bestimmt
1.1	Fußgängerbereich Rathausplatz (Wettbewerbsbereich) bei Einbindung des vorhandenen Brunnens, anteilig für die Oberflächenbefestigung und Ausstattung	Es wird das volle Leistungsbild von 100 % angenommen. Das erhaltene Preisgeld aus dem Wettbewerb wird nach § 8 Abs.2 RPW anteilig auf die Vergütung der Lph 1 und 2 angerechnet, soweit der Wettbewerbsentwurf unverändert in die weitere Planung übernommen wird. Besondere Leistungen siehe unten	Es wird ein Umbau- und Modernisierungszuschlag von 20 % angenommen.
2.1	Fußgängerbereich Kiliansplatz und Vorplätze, Seitenbereiche von Hauptstraße, Marktstraße und Kirchstraße, anteilig für die Oberflächenbefestigung und Ausstattung (zeitlich und finanzierungsgetrennt zu 1.1)	Es wird das volle Leistungsbild von 100 % angenommen. Besondere Leistungen siehe unten	Es wird ein Umbau- und Modernisierungszuschlag von 20 % angenommen.

Objekte	Leistungsbild/Leistungsphasen (Lph)	Leistungsbewertung Grundleistungen/ Besondere Leistungen	Zuschlag für Umbauten und Modernisierungen
Verkehrsanlagen (Unter- und Oberbau von Fußgängerbereichen mit Ausnahme der Oberflächenbefestigung) § 47 Abs. 1 HOAI Lph 1 bis 9		Lph 1 2 % Lph 2 20 % Lph 3 25 % Lph 4 8 % Lph 5 15 % Lph 6 10 % Lph 7 4 % Lph 8 15 % Lph 9 1 %	nach §§ 6 Abs. 2, 48 Abs. 6 HOAI Prozentsatz bei • Honorarzone I und II nicht bestimmt • Honorarzone III bis 33 % • Honorarzone IV und V nicht bestimmt
1.2	Fußgängerbereich Rathausplatz (Wettbewerbsbereich) bei Verwendung von Teilen des Oberbaus, anteilig für Unter- und Oberbau	Es wird das volle Leistungsbild von 100 % angenommen. Besondere Leistungen siehe unten	Es wird ein Umbau- und Modernisierungszuschlag von 20 % angenommen.
2.2	Fußgängerbereich Kiliansplatz und Vorplätze, Seitenbereiche von Hauptstraße, Marktstraße und Kirchstraße, anteilig für Unter- und Oberbau	Es wird das volle Leistungsbild von 100 % angenommen. Besondere Leistungen siehe unten	Es wird ein Umbau- und Modernisierungszuschlag von 20 % angenommen.
3	Verkehrsberuhigte Fläche als Überfahrt Kiliansplatz bei Verwendung von Teilen des Oberbaus	Es wird das volle Leistungsbild von 100 % angenommen. Besondere Leistungen siehe unten	Es wird ein Umbau- und Modernisierungszuschlag von 20 % angenommen.
4	Fahrbahnen und Haltestellenbucht von Hauptstraße, Marktstraße und Kirchstraße bei Verwendung von Teilen des Oberbaus, räumlich und zeitlich zusammenhängend bearbeitet	Es wird das volle Leistungsbild von 100 % angenommen. Besondere Leistungen siehe unten	Es wird ein Umbau- und Modernisierungszuschlag von 20 % angenommen.
5	Parkplätze an der Marktstraße bei Verwendung von Teilen des Oberbaus	Es wird das volle Leistungsbild von 100 % angenommen. Besondere Leistungen siehe unten	Es wird ein Umbau- und Modernisierungszuschlag von 20 % angenommen.

Stufe 5 – Feststellung der Erbringung von Besonderen Leistungen und Vereinbarung über deren Vergütungen

B1	**Einbindung von Objekten der Verkehrsanlagen in die Umgebung bei der Planung von Freianlagen**
	Frei vereinbart: Erhöhung des ermittelten Honorars für die Leistungsphasen 2, 3 und 5 bei Freianlagen mit Zuschlag von 10 %.
B2	**Örtliche Bauüberwachung für Objekte der Verkehrsanlagen**
	Frei vereinbart: Die Vergütung wird gemäß Heft 2 der AHO-Schriftenreihe[25] nach Bauabschnitten getrennt ermittelt. Im Fall der Honorarzone II: Von-Satz zzgl. 25 % der Differenz zum Bis-Satz; im Fall der Honorarzone III: Regelsatz = Mittelsatz; im Fall der Honorarzone IV: Von-Satz zzgl. 75 % der Differenz zum Bis-Satz. Der für Grundleistungen der Objekte vereinbarte Umbau- und Modernsierungszuschlag gilt entsprechend auch für die Vergütungen der Örtlichen Bauüberwachung.
B3	**Teilnahme an Sitzungen in politischen Gremien, soweit nicht Leistungsumfang von Grundleistungen**
	Frei vereinbart: nach pauschalen Sitzungssätzen — netto pauschal je Sitzung einschl. Vor- und Nachbereitung bis 4 h — 400 € 4 bis 8 h — 800 € über 8 h — 1.000 €
B4	**Individuelle Beteiligung/Beratung von Betroffenen (Grundstückseigentümer und Anwohner) an Planung und Ausführung**
	Frei vereinbart: Sätze wie B3
B5	**Teilnahme an Sitzungen im Rahmen der Öffentlichkeitsbeteiligung**
	Frei vereinbart: Sätze wie B3

24 Vgl. Heft Nr. 2 der Schriftenreihe des AHO, Kap. 4.

B2 Beispiel einer Honorarermittlung für Grundleistungen der Objektplanung Freianlagen und Objektplanung Verkehrsanlagen zu dem Planbeispiel Innenstadtbereich

Am Beispiel des in B1 dargelegten „Planungsansatzes" für Neubauten und Umbauten/ Modernisierungen unter Einbindung von vorhandener Bausubstanz.

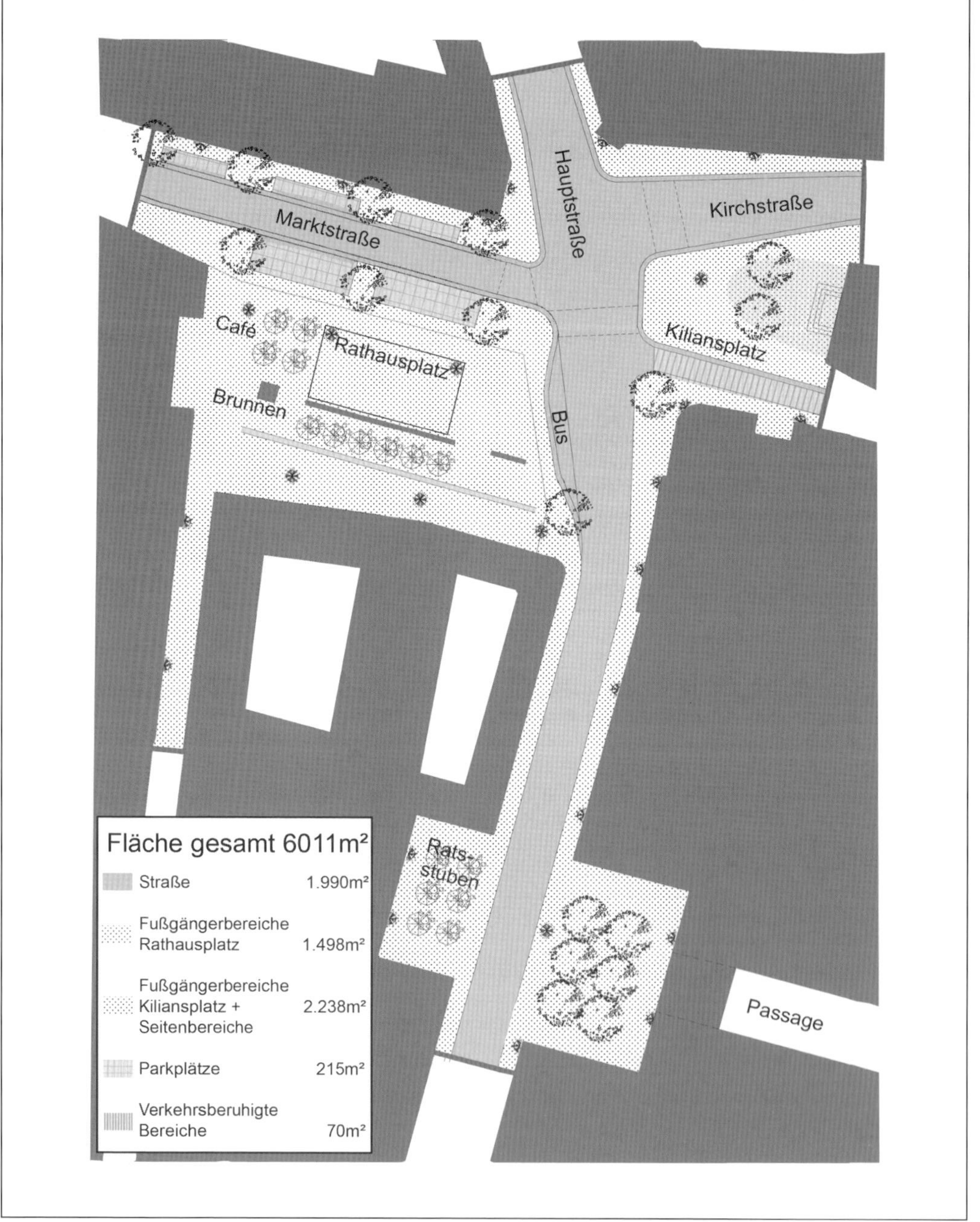

1.1	**Fußgängerbereich Rathausplatz (Wettbewerbsbereich) bei Einbindung des vorhandenen Brunnens, anteilig für die Oberflächenbefestigung und Ausstattung**

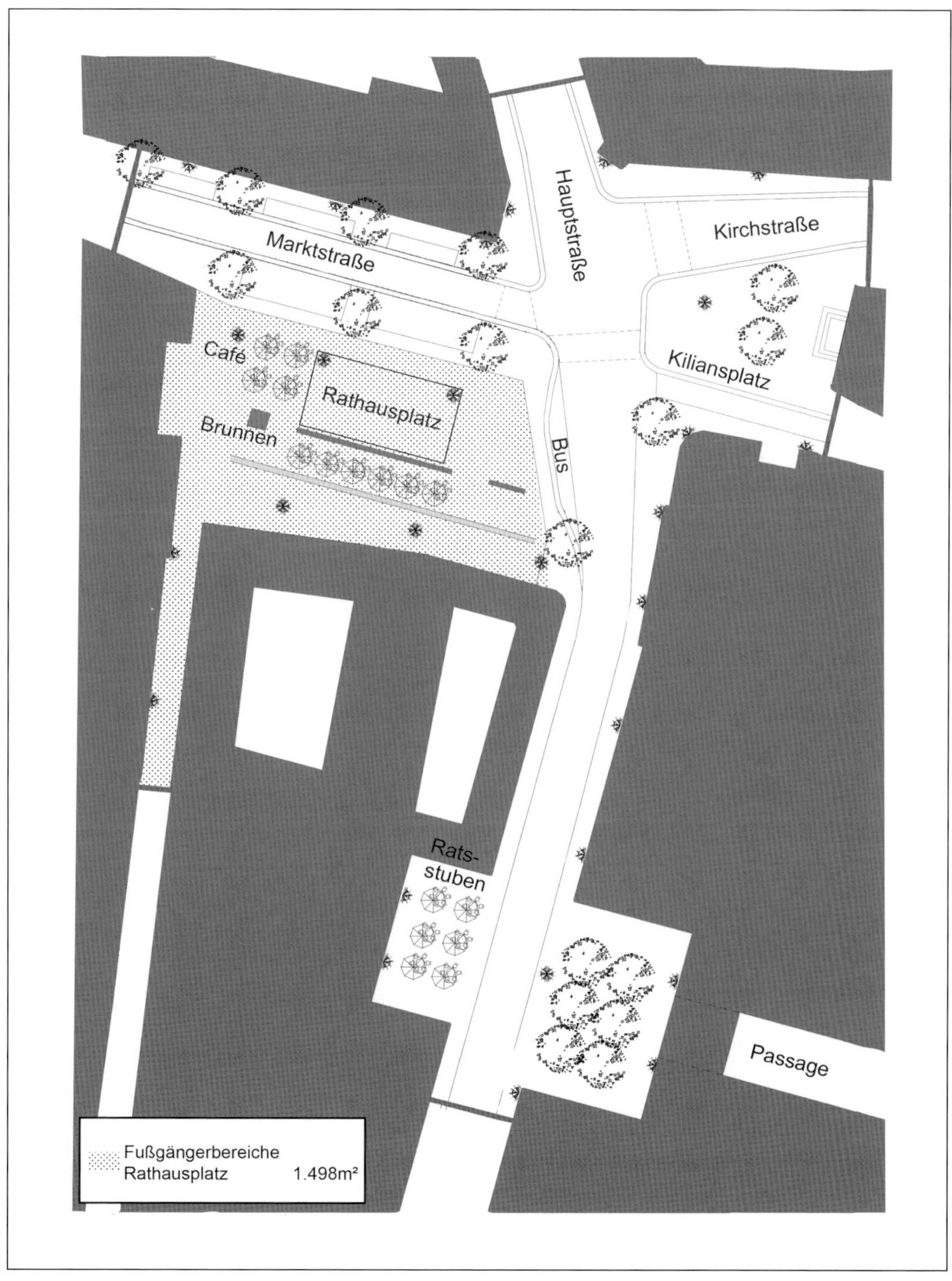

1.1	**Zugeordnet zur Objektplanung Freianlagen**	**Anrechenbare Kosten bei einer Fläche von 1.498 m²**		
		lt. §§ 4 Abs. 1, 38 Abs. 1 HOAI Außenanlagen	**lt. § 4 Abs. 2 HOAI Ortsübliche Preise**	**lt. § 4 Abs. 3 HOAI Mitzuverarbeitende Bausubstanz mvB**
		§ 38 Abs. 1 HOAI einschl. § 38 Abs. 1 Nr. 1 bis 8 sowie § 38 Abs. 2 i.V.m. § 33 Abs.3 HOAI lt. Kostenberechnung Summe 389.500,00 € bereinigt um Kosten für Unter- und Oberbau lt. § 38 Abs. 2 Nr. 2 von 44.940,00 € Gesamt 344.560,00 €	Eigenleistungen kommunaler Bauhof für Abbau und Sicherung der Brunnen-Armaturen Gesamt 2.150,00 €	Mitzuverarbeitende Bausubstanz zum Zeitpunkt der Kostenberechnung Gesamt 54.000,00 € hieraus Summe der vereinbarten angemessenen Berücksichtigung Gesamt 40.000,00 €
	Gesamte für das Objekt anrechenbare Kosten netto			**386.710,00 €**
	Getroffene Vereinbarungen zur Vergütung von Grundleistungen gemäß Vertrag vom			
	Honorarzone IV Als Honorarsatz ist vereinbart: Mittelsatz	vereinbart und erbracht ist das volle Leistungsbild = 100 % Es ist vereinbart, dass durch den Wettbewerb anteilig bereits erbrachte und dotierte Leistungen der Lph 1 und 2 mit 8.000,00 € nicht erneut vergütet werden, weil der Wettbewerbsentwurf unverändert der weiteren Bearbeitung zugrunde gelegt wird.	Zuschlag für Umbau/Modernisierung nach § 6 Abs. 2 Nr. 5 i.V.m. § 40 Abs. 6 HOAI vereinbart mit 20 % auf das ermittelte Honorar	

	Tafelwert nach § 40 Abs. 1 HOAI bei Honorarzone IV Mittelsatz und anrechenbaren Kosten von 386.710,00 € = 85.264,77 €	vereinbart und erbracht Lph 1 3 % Lph 2 10 % Lph 3 16 % Lph 4 4 % Lph 5 25 % Lph 6 7 % Lph 7 3 % Lph 8 30 % Lph 9 2 % = 100 %	**85.264,77 €**	
		Zuschlag für Umbau/Modernisierung nach § 6 Abs. 2 Nr. 5 i.V.m. § 40 Abs. 6 HOAI vereinbart mit 20 % auf das ermittelte Honorar	**17.052,95 €**	
		Verrechnung mit der erteilten und vergüteten Dotierung anteilig in Höhe von netto	**8.000,00 €**	
	Gesamtsumme Honorar Grundleistungen netto			**110.317,72 €**
	Getroffene Vereinbarungen zur Vergütung von Besonderen Leistungen gemäß Vertrag vom			
	Einbindung von Objekten der Verkehrsanlagen in die Umgebung bei der Planung von Freianlagen	Als Honorar ist vereinbart: Erhöhung des ermittelten Honorars für die Lph 2, 3 und 5 bei Freianlagen mit Zuschlag von 10 %	Summe der Honorare der Lph 2, 3 und 5 = 43.485,03 hieraus 10 %	**4.348,50 €**
	Teilnahme an Sitzungen in politischen Gremien und im Rahmen der Öffentlichkeitsbeteiligung sowie	Als Honorar ist vereinbart: nach pauschalen Sitzungssätzen	Sitzungen bis 4 h 12 à 400,00 € Sitzungen 4 bis 8 h 6 à 800,00 € Sitzungen über 8 h 2 à 1.000,00 €	**11.600,00 €**

	individuelle Beteiligung von Betroffenen (Grundstückseigentümer und Anwohner) an Planung und Ausführung			
	Gesamtsumme Objekt 1.1 – Fußgängerbereich Rathausplatz bei Einbindung des vorhandenen Brunnens, anteilig für die Oberflächenbefestigung und Ausstattung **Honorar Grundleistungen und Besondere Leistungen netto**			**126.266,22 €**

1.2	**Fußgängerbereich Rathausplatz bei Verwendung von Teilen des Oberbaus, anteilig für Unter- und Oberbau**			
	Zugeordnet zur Objektplanung Verkehrsanlagen	**Anrechenbare Kosten bei einer Fläche von 1.498 m²**		
		lt. §§ 4 Abs. 1, 46 Abs. 1 HOAI Baukonstruktion	**lt. § 4 Abs. 2 HOAI Ortsübliche Preise**	**lt. § 4 Abs. 3 HOAI Mitzuverarbeitende Bausubstanz mvB**
		§ 46 Abs. 1 HOAI lt. Kostenberechnung Baukonstruktion (**Unter- und Oberbau mit Ausnahme der Oberflächenbefestigung**) 44.940,00 € sowie § 46 Abs. 2 bis 5 HOAI lt. Kostenberechnung 16.260,00 € Gesamt 61.200,00 €	keine	Mitzuverarbeitende Bausubstanz zum Zeitpunkt der Kostenberechnung Gesamt 14.000,00 € hieraus Summe der vereinbarten angemessenen Berücksichtigung Gesamt 10.200,00 €
	Gesamte für das Objekt anrechenbare Kosten netto			**71.400,00 €**

	Getroffene Vereinbarungen zur Vergütung von Grundleistungen gemäß Vertrag vom			
	Honorarzone III Als Honorarsatz ist vereinbart: Von-Satz	Es ist das volle Leistungsbild von 100 % vereinbart.	Zuschlag für Umbau/Modernisierung nach § 6 Abs. 2 Nr. 5 i.V.m. § 48 Abs. 6 HOAI vereinbart mit 20 % auf das ermittelte Honorar	
	Tafelwert nach § 48 Abs. 1 HOAI bei Honorarzone III Von-Satz und anrechenbaren Kosten von 71.400,00 € = 11.655,71 €	vereinbart und erbracht Lph 1 2 % Lph 2 20 % Lph 3 25 % Lph 4 8 % Lph 5 15 % Lph 6 10 % Lph 7 4 % Lph 8 15 % Lph 9 1 % = 100 %	**11.655,71 €**	
		Zuschlag für Umbau/Modernisierung nach § 6 Abs. 2 Nr. 5 i.V.m. § 48 Abs. 6 HOAI vereinbart mit 20 % auf das ermittelte Honorar	**2.331,14 €**	
	Gesamtsumme Honorar Grundleistungen netto			**13.986,85 €**
	Getroffene Vereinbarungen zur Vergütung von Besonderen Leistungen gemäß Vertrag vom			
	Örtliche Bauüberwachung von Objekten der Verkehrsanlagen	Als Honorar ist vereinbart: Regelsatz = Mittelsatz der empfohlenen Honorartafel in Heft 2 des AHO[26] Baumaßnahme erfolgt in einem Abschnitt.	Tafelwert bei Regelsatz und anrechenbaren Kosten von 71.400,00 € = 3,5904 % 2.563,55 € hieraus 100 %	**2.563,55 €**

25 Vgl. Heft Nr. 2 der Schriftenreihe des AHO, Kap. 4.

			Zuschlag für Umbau/Modernisierung für Leistungen der Örtlichen Bauüberwachung vereinbart mit 20 % auf das ermittelte Honorar	**512,71 €**
	Teilnahme an Sitzungen in politischen Gremien und im Rahmen der Öffentlichkeitsbeteiligung sowie individuelle Beteiligung von Betroffenen (Grundstückseigentümer und Anwohner) an Planung und Ausführung	Als Honorar ist vereinbart: nach pauschalen Sitzungssätzen	Sitzungen bis 4 h 2 à 400,00 € Sitzungen 4 bis 8 h 2 à 800,00 € Sitzungen über 8 h 2 à 1.000,00 €	**4.400,00 €**
	Gesamtsumme Objekt 1.2 – Fußgängerbereich Rathausplatz bei Verwendung von Teilen des Oberbaus, anteilig für Unter- und Oberbau **Honorar Grundleistungen und Besondere Leistungen netto**			**21.463,11 €**

2.1	**Fußgängerbereich Kiliansplatz und Vorplätze, Seitenbereiche von Hauptstraße, Marktstraße und Kirchstraße (zeitlich und finanzierungsgetrennt zu 1.1)** **anteilig für die Oberflächenbefestigung und Ausstattung**

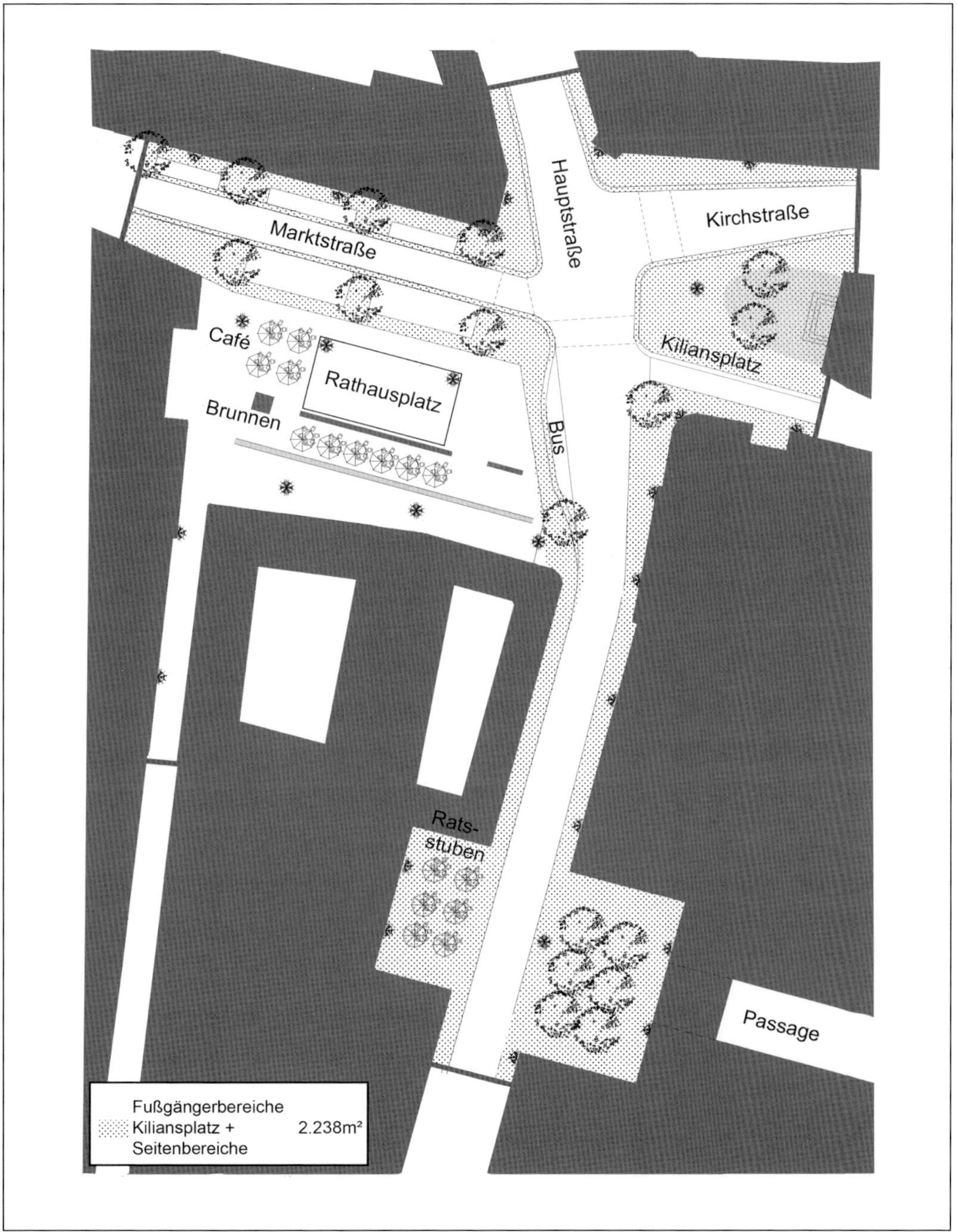

	Zugeordnet zur Objektplanung Freianlagen	**Anrechenbare Kosten bei einer Fläche von 2.238 m²**		
		lt. §§ 4 Abs. 1, 38 Abs. 1 HOAI Außenanlagen	**lt. § 4 Abs. 2 HOAI Ortsübliche Preise**	**lt. § 4 Abs. 3 HOAI Mitzuverarbeitende Bausubstanz mvB**
		§ 38 Abs. 1 HOAI einschl. § 38 Abs. 1 Nr. 1 bis 8 sowie § 38 Abs. 2 i.V.m. § 33 Abs. 3 HOAI lt. Kostenberechnung Summe 581.900,00 € bereinigt um Kosten für Unter- und Oberbau lt. § 38 Abs. 2 Nr. 2 HOAI von 67.140,00 € Gesamt 514.760,00 €	Eigenleistungen kommunaler Bauhof für zeitweilige Verlegung der Bushaltestelle Gesamt 13.500,00 €	Mitzuverarbeitende Bausubstanz zum Zeitpunkt der Kostenberechnung Gesamt 32.000,00 € hieraus Summe der vereinbarten angemessenen Berücksichtigung Gesamt 24.000,00 €
	Gesamte für das Objekt anrechenbare Kosten netto			**552.260,00 €**
	Getroffene Vereinbarungen zur Vergütung von Grundleistungen gemäß Vertrag vom			
	Honorarzone IV Als Honorarsatz ist vereinbart: Von-Satz	vereinbart und erbracht ist das volle Leistungsbild = 100 %	Zuschlag für Umbau/Modernisierung nach § 6 Abs. 2 Nr. 5 i.V.m. § 40 Abs. 6 HOAI vereinbart mit 20 % auf das ermittelte Honorar	

	Tafelwert nach § 40 Abs. 1 HOAI bei Honorarzone IV Von-Satz und anrechenbaren Kosten von 552.260,00 € = 107.621,94 €	vereinbart und erbracht Lph 1 3 % Lph 2 10 % Lph 3 16 % Lph 4 4 % Lph 5 25 % Lph 6 7 % Lph 7 3 % Lph 8 30 % Lph 9 2 % = 100 %	**107.621,94 €**	
		Zuschlag für Umbau/Modernisierung nach § 6 Abs. 2 Nr. 5 i.V.m. § 40 Abs. 6 HOAI vereinbart mit 20 % auf das ermittelte Honorar	**21.524,39 €**	
	Gesamtsumme Honorar Grundleistungen netto			**129.146,33 €**
	Getroffene Vereinbarungen zur Vergütung von Besonderen Leistungen gemäß Vertrag vom			
	Einbindung von Objekten der Ingenieurbauwerke und der Verkehrsanlagen in die Umgebung bei der Planung von Freianlagen	Als Honorar ist vereinbart: Erhöhung des ermittelten Honorars für die Lph 2, 3 und 5 bei Freianlagen mit Zuschlag von 10 %	Summe der Honorare der Lph 2, 3 und 5 = 54.887,19 € hieraus 10 %	**5.488,72 €**
	Teilnahme an Sitzungen in politischen Gremien und im Rahmen der Öffentlichkeitsbeteiligung sowie individuelle Beteiligung von Betroffenen (Grundstückseigentümer und Anwohner) an Planung und Ausführung	Als Honorar ist vereinbart: nach pauschalen Sitzungssätzen	Sitzungen bis 4 h 16 à 400,00 € Sitzungen 4 bis 8 h 6 à 800,00 € Sitzungen über 8 h 2 à 1.000,00 €	**13.200,00 €**

	Gesamtsumme Objekt 2.1 – Fußgängerbereich Kiliansplatz und Vorplätze, Seitenbereiche von Hauptstraße, Marktstraße und Kirchstraße, anteilig für die Oberflächenbefestigung und Ausstattung **Honorar Grundleistungen und Besondere Leistungen netto**	**147.835,05 €**

2.2	**Fußgängerbereich Kiliansplatz und Vorplätze, Seitenbereiche von Hauptstraße, Marktstraße und Kirchstraße, anteilig für Unter- und Oberbau**			
	zugeordnet zur Objektplanung Verkehrsanlagen	**Anrechenbare Kosten** **bei einer Fläche von 2.238 m²**		
		lt. §§ 4 Abs. 1, 46 Abs.1 HOAI Baukonstruktion	**lt. § 4 Abs. 2 HOAI Ortsübliche Preise**	**lt. § 4 Abs. 3 HOAI Mitzuverarbeitende Bausubstanz mvB**
		§ 46 Abs. 1 HOAI lt. Kostenberechnung Baukonstruktion (**Unter- und Oberbau mit Ausnahme der Oberflächenbefestigung**) 67.140,00 € sowie § 46 Abs. 2 bis 5 HOAI lt. Kostenberechnung 10.250,00 € Gesamt 77.390,00 €	keine	Mitzuverarbeitende Bausubstanz zum Zeitpunkt der Kostenberechnung Gesamt 19.200,00 € hieraus Summe der vereinbarten angemessenen Berücksichtigung Gesamt 14.000,00 €
	Gesamte für das Objekt anrechenbare Kosten netto			**91.390,00 €**

	Getroffene Vereinbarungen zur Vergütung von Grundleistungen gemäß Vertrag vom			
	Honorarzone III Als Honorarsatz ist vereinbart: Von-Satz	Es ist das volle Leistungsbild mit 100 % vereinbart.	Zuschlag für Umbau/Modernisierung nach § 6 Abs. 2 Nr. 5 i.V.m. § 48 Abs. 6 HOAI vereinbart mit 20 % auf das ermittelte Honorar	
	Tafelwert nach § 48 Abs. 1 HOAI bei Honorarzone III Von-Satz und anrechenbaren Kosten von 91.390,00 € = 13.992,85 €	vereinbart und erbracht Lph 1 2 % Lph 2 20 % Lph 3 25 % Lph 4 8 % Lph 5 15 % Lph 6 10 % Lph 7 4 % Lph 8 15 % Lph 9 1 % = 100 %	**13.492,85 €**	
		Zuschlag für Umbau/Modernisierung nach § 6 Abs. 2 Nr. 5 i.V.m. § 48 Abs. 6 HOAI vereinbart mit 20 % auf das ermittelte Honorar	**2.798,57 €**	
	Gesamtsumme Honorar Grundleistungen netto			**16.791,42 €**
	Getroffene Vereinbarungen zur Vergütung von Besonderen Leistungen gemäß Vertrag vom			
	Örtliche Bauüberwachung von Objekten der Verkehrsanlagen	Als Honorar ist vereinbart: Regelsatz = Mittelsatz der empfohlenen Honorartafel in Heft 2 des AHO[27] Baumaßnahme erfolgt in einem Abschnitt.	Tafelwert bei Regelsatz und anrechenbaren Kosten von 91.390,00 € = 3,5864 % 3.277,61 € hieraus 100 %	**3.277,61 €**

26 Vgl. Heft Nr. 2 der Schriftenreihe des AHO, Kap. 4.

			Zuschlag für Umbau/Modernisierung für Leistungen der Örtlichen Bauüberwachung vereinbart mit 20 % auf das ermittelte Honorar	**655,52 €**
	Teilnahme an Sitzungen in politischen Gremien und im Rahmen der Öffentlichkeitsbeteiligung sowie individuelle Beteiligung von Betroffenen (Grundstückseigentümer und Anwohner) an Planung und Ausführung	Als Honorar ist vereinbart: nach pauschalen Sitzungssätzen	Sitzungen bis 4 h 2 à 400,00 € Sitzungen 4 bis 8 h 2 à 800,00 € Sitzungen über 8 h 2 à 1.000,00 €	**4.400,00 €**
	Gesamtsumme Objekt 2.2 – Fußgängerbereich Kiliansplatz und Vorplätze, Seitenbereiche von Hauptstraße, Marktstraße und Kirchstraße, anteilig für Unter- und Oberbau **Honorar Grundleistungen und Besondere Leistungen netto**			**25.124,55 €**

3	**Verkehrsberuhigte Fläche als Überfahrt Kiliansplatz bei Verwendung von Teilen des Oberbaus**

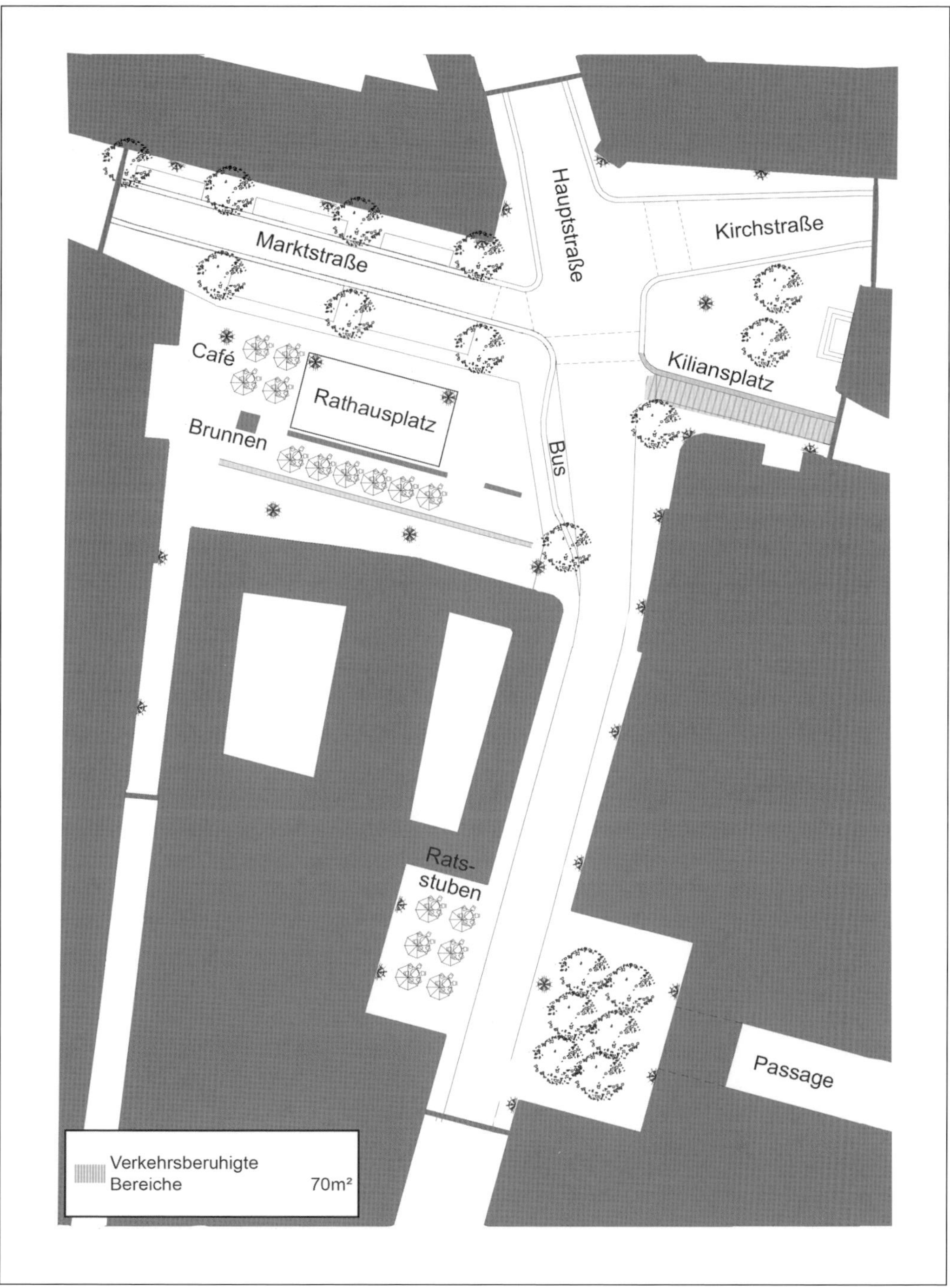

	Zugeordnet zur Objektplanung Verkehrsanlagen	**Anrechenbare Kosten bei einer Fläche von 2.238 m²**		
		lt. §§ 4 Abs. 1, 46 Abs. 1 HOAI Baukonstruktion	**lt. § 4 Abs. 2 HOAI Ortsübliche Preise**	**lt. § 4 Abs. 3 HOAI Mitzuverarbeitende Bausubstanz mvB**
		§ 46 Abs. 1 HOAI lt. Kostenberechnung 10.500,00 € sowie § 46 Abs. 2 bis 5 HOAI lt. Kostenberechnung 1.500,00 € Gesamt 12.000,00 €	keine	Mitzuverarbeitende Bausubstanz zum Zeitpunkt der Kostenberechnung Gesamt 3.500,00 € hieraus Summe der vereinbarten angemessenen Berücksichtigung Gesamt 2.500,00 €
	Gesamte für das Objekt anrechenbare Kosten netto			**14.500,00 €**
	Getroffene Vereinbarungen zur Vergütung von Grundleistungen gemäß Vertrag vom			
	Honorarzone IV Als Honorarsatz ist vereinbart: Von-Satz	Es ist das volle Leistungsbild = 100 % vereinbart.	Zuschlag für Umbau/Modernisierung nach § 6 Abs. 2 Nr. 5 i.V.m. § 48 Abs. 6 HOAI vereinbart mit 20 % auf das ermittelte Honorar	
	Tafelwert nach § 48 Abs. 1 HOAI bei Honorarzone IV Von-Satz und anrechenbaren Kosten von 14.500,00 € Es ist nach § 7 Abs. 2 HOAI der Eingangswert vereinbart 6.106,00 €	vereinbart und erbracht Lph 1 2 % Lph 2 20 % Lph 3 25 % Lph 4 8 % Lph 5 15 % Lph 6 10 % Lph 7 4 % Lph 8 15 % Lph 9 1 % = 100 %	**6.108,00 €**	

		Zuschlag für Umbau/Modernisierung nach § 6 Abs. 2 Nr. 5 i.V.m. § 48 Abs. 6 HOAI vereinbart mit 20 % auf das ermittelte Honorar	**1.221,60 €**	
	Gesamtsumme Honorar Grundleistungen netto			**7.329,60 €**
	Getroffene Vereinbarungen zur Vergütung von Besonderen Leistungen gemäß Vertrag vom			
	Örtliche Bauüberwachung von Objekten der Verkehrsanlagen	Als Honorar ist vereinbart: Von-Satz zzgl. 75 % der Differenz zum Bis-Satz der empfohlenen Honorartafel in Heft 2 des AHO[28] Baumaßnahme erfolgt in einem Abschnitt.	Tafelwert bei Regelsatz und anrechenbaren Kosten von 14.500,00 € Es ist nach § 7 Abs. 2 HOAI der Eingangswert vereinbart = 3,85 % 558,25 € hieraus 100 %	**558,25 €**
			Zuschlag für Umbau/Modernisierung für Leistungen der Örtlichen Bauüberwachung vereinbart mit 20 % auf das ermittelte Honorar	**111,65 €**
	Teilnahme an Sitzungen in politischen Gremien und im Rahmen der Öffentlichkeitsbeteiligung sowie individuelle Beteiligung von Betroffenen (Grundstückseigentümer und Anwohner) an Planung und Ausführung	Als Honorar ist vereinbart: nach pauschalen Sitzungssätzen	Sitzungen bis 4 h 2 à 400,00 € Sitzungen 4 bis 8 h 2 à 800,00 € Sitzungen über 8 h 2 à 1.000,00€	**4.400,00 €**

27 Vgl. Heft Nr. 2 der Schriftenreihe des AHO, Kap. 4.

	Gesamtsumme Objekt 3 – Verkehrsberuhigte Fläche als Überfahrt Kiliansplatz **Honorar Grundleistungen und Besondere Leistungen netto**	**12.399,50 €**

4	**Fahrbahnen und Haltestellenbucht von Hauptstraße, Marktstraße und Kirchstraße bei Verwendung von Teilen des Oberbaus, räumlich und zeitlich zusammenhängend bearbeitet**

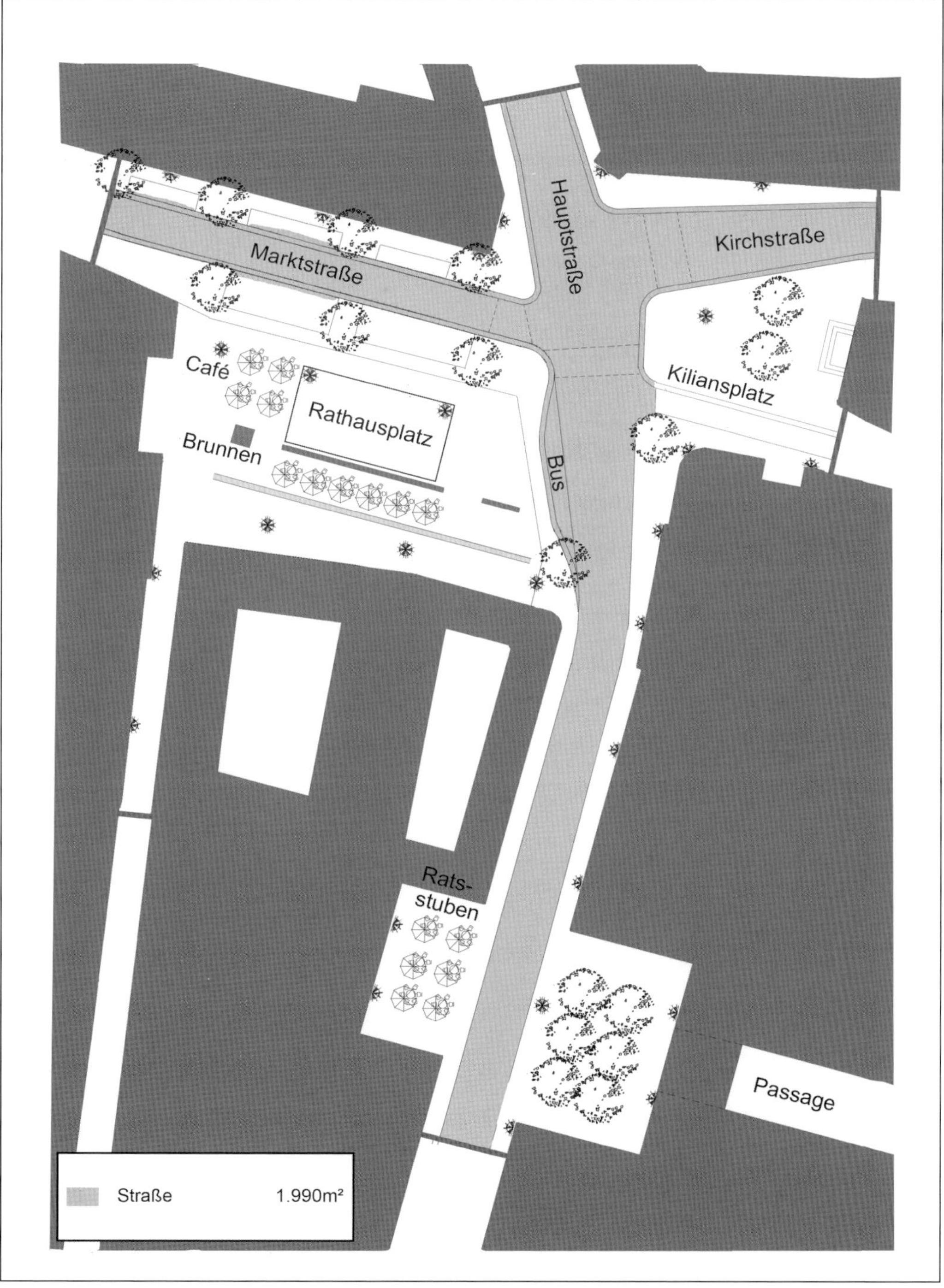

<table>
<tr><td></td><td>Zugeordnet zur Objektplanung Verkehrsanlagen</td><td colspan="3">Anrechenbare Kosten
bei einer Fläche von 1.990 m²</td></tr>
<tr><td></td><td></td><td>lt. §§ 4 Abs. 1, 46 Abs. 1 HOAI Baukonstruktion</td><td>lt. § 4 Abs. 2 HOAI Ortsübliche Preise</td><td>lt. § 4 Abs. 3 HOAI Mitzuverarbeitende Bausubstanz mvB</td></tr>
<tr><td></td><td></td><td>§ 46 Abs. 1 HOAI
lt. Kostenberechnung
358.500,00 €
sowie § 46 Abs. 2 bis 5 HOAI
lt. Kostenberechnung
26.500,00 €
Gesamt
385.000,00 €</td><td>keine</td><td>Mitzuverarbeitende Bausubstanz zum Zeitpunkt der Kostenberechnung
Gesamt
23.500,00 €
hieraus Summe der vereinbarten angemessenen Berücksichtigung
Gesamt
18.500,00 €</td></tr>
<tr><td></td><td colspan="3">Gesamte für das Objekt anrechenbare Kosten netto</td><td>403.500,00 €</td></tr>
<tr><td></td><td colspan="4">Getroffene Vereinbarungen zur Vergütung von Grundleistungen
gemäß Vertrag vom ....</td></tr>
<tr><td></td><td>Honorarzone III
Als Honorarsatz ist vereinbart:
Von-Satz</td><td>Es ist das volle Leistungsbild von 100 % vereinbart.</td><td>Zuschlag für Umbau/Modernisierung nach § 6 Abs. 2 Nr. 5 i.V.m. § 48 Abs. 6 HOAI
vereinbart mit 20 % auf das ermittelte Honorar</td><td></td></tr>
<tr><td></td><td>Tafelwert nach § 48 Abs. 1 HOAI bei Honorarzone III Von-Satz und anrechenbaren Kosten von 403.500,00 €
= 41.781,13 €</td><td>vereinbart und erbracht
Lph 1 2 %
Lph 2 20 %
Lph 3 25 %
Lph 4 8 %
Lph 5 15 %
Lph 6 10 %
Lph 7 4 %
Lph 8 15 %
Lph 9 1 %
= 100 %</td><td>41.781,13 €</td><td></td></tr>
</table>

		Zuschlag für Umbau/Modernisierung nach § 6 Abs. 2 Nr. 5 i.V.m. § 40 Abs. 6 HOAI vereinbart mit 20 % auf das ermittelte Honorar	**8.356,23 €**	
	Gesamtsumme Honorar Grundleistungen netto			**50.137,36 €**
	Getroffene Vereinbarungen zur Vergütung von Besonderen Leistungen gemäß Vertrag vom			
	Örtliche Bauüberwachung von Objekten der Verkehrsanlagen	Als Honorar ist vereinbart: Mittelsatz = Regelsatz der empfohlenen Honorartafel in Heft 2 des AHO[29] Baumaßnahme erfolgt in einem Abschnitt.	Tafelwert bei Regelsatz und anrechenbaren Kosten von 403.500,00 € = 3,5224 % 14.212,88 € hieraus 100 %	**14.212,88 €**
			Zuschlag für Umbau/Modernisierung für Leistungen der Örtlichen Bauüberwachung vereinbart mit 20 % auf das ermittelte Honorar	**2.842,58 €**
	Teilnahme an Sitzungen in politischen Gremien und im Rahmen der Öffentlichkeitsbeteiligung sowie individuelle Beteiligung von Betroffenen (Grundstückseigentümer und Anwohner) an Planung und Ausführung	Als Honorar ist vereinbart: nach pauschalen Sitzungssätzen	Sitzungen bis 4 h 2 à 400,00 € Sitzungen 4 bis 8 h 2 à 800,00 € Sitzungen über 8 h 2 à 1.000,00 €	**4.400,00 €**

28 Vgl. Heft Nr. 2 der Schriftenreihe des AHO, Kap. 4.

	Gesamtsumme Objekt 4 – Fahrbahnen und Haltestellenbucht von Hauptstraße, Marktstraße und Kirchstraße **Honorar Grundleistungen und Besondere Leistungen netto**	**71.592,82 €**

5	**Parkplätze an der Marktstraße bei Verwendung von Teilen des Oberbaus**

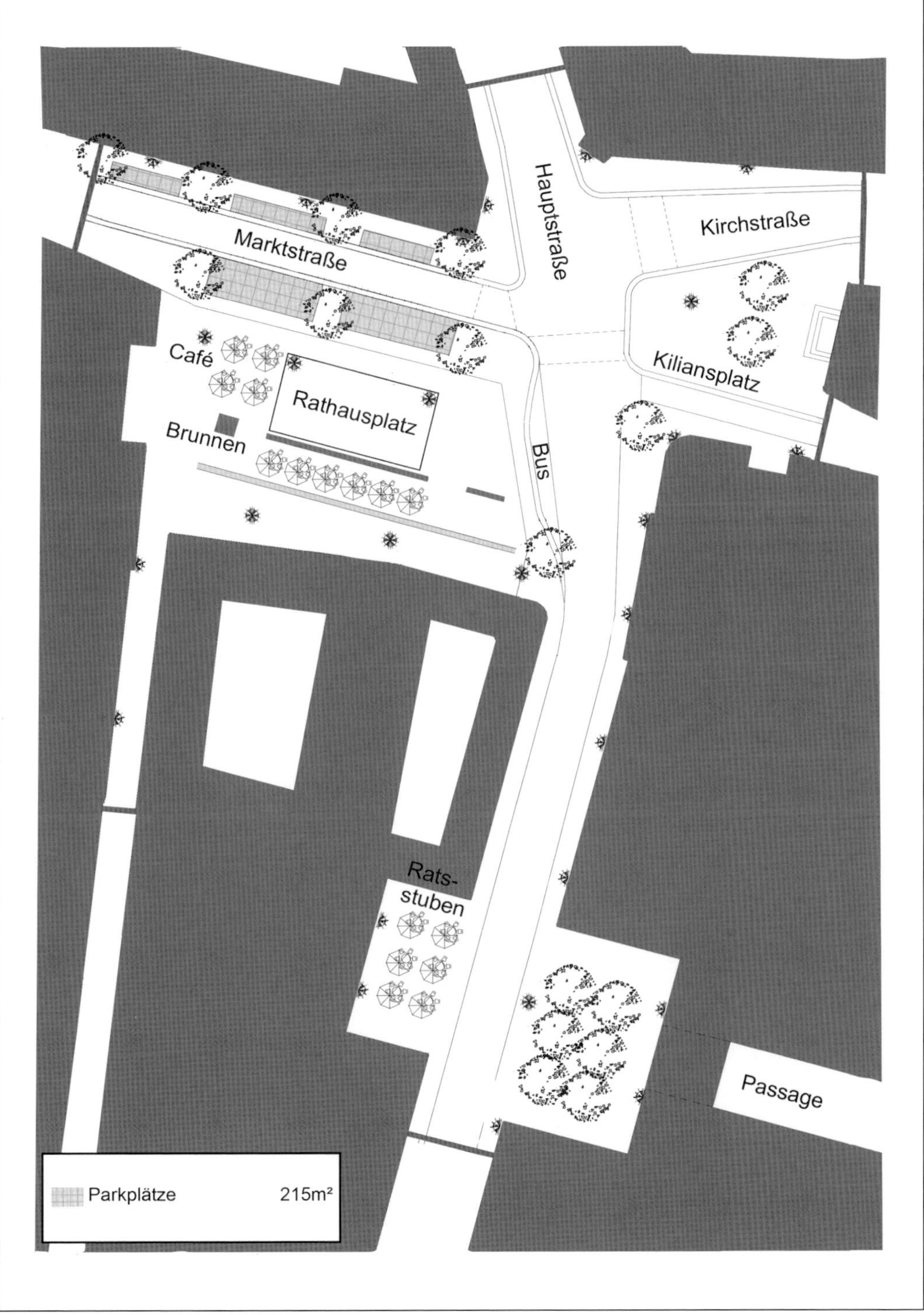

	Zugeordnet zur Objektplanung Verkehrsanlagen	**Anrechenbare Kosten bei einer Fläche von 215 m²**		
		lt. §§ 4 Abs. 1, 46 Abs. 1 HOAI Baukonstruktion	**lt. § 4 Abs. 2 HOAI Ortsübliche Preise**	**lt. § 4 Abs. 3 HOAI Mitzuverarbeitende Bausubstanz mvB**
		§ 46 Abs. 1 HOAI lt. Kostenberechnung 34.750,00 € sowie § 46 Abs. 2 bis 5 HOAI lt. Kostenberechnung 6.500,00 € Gesamt 41.250,00 €	keine	Mitzuverarbeitende Bausubstanz zum Zeitpunkt der Kostenberechnung Gesamt 4.300,00 € hieraus Summe der vereinbarten angemessenen Berücksichtigung Gesamt 3.500,00 €
	Gesamte für das Objekt anrechenbare Kosten netto			**44.750,00 €**
	Getroffene Vereinbarungen zur Vergütung von Grundleistungen gemäß Vertrag vom			
	Honorarzone II Als Honorarsatz ist vereinbart: Von-Satz	Es ist das volle Leistungsbild mit 100 % vereinbart.	Zuschlag für Umbau/Modernisierung nach § 6 Abs. 2 Nr. 5 i.V.m. § 48 Abs. 6 HOAI vereinbart mit 20 % auf das ermittelte Honorar	
	Tafelwert nach § 48 Abs. 1 HOAI bei Honorarzone II Von-Satz und anrechenbaren Kosten von 44.750,00 € = 7.099,09 €	vereinbart und erbracht Lph 1 2 % Lph 2 20 % Lph 3 25 % Lph 4 8 % Lph 5 15 % Lph 6 10 % Lph 7 4 % Lph 8 15 % Lph 9 1 % = 100 %	**7.099,09 €**	

		Zuschlag für Umbau/Modernisierung nach § 6 Abs. 2 Nr. 5 i.V.m. § 48 Abs. 6 HOAI vereinbart mit 20 % auf das ermittelte Honorar	**1.419,82 €**	
	Gesamtsumme Honorar Grundleistungen netto			**8.518,91 €**
	Getroffene Vereinbarungen zur Vergütung von Besonderen Leistungen gemäß Vertrag vom			
	Örtliche Bauüberwachung von Objekten der Verkehrsanlagen	Als Honorar ist vereinbart: Von-Satz zzgl. 25 % der Differenz zum Bis-Satz der empfohlenen Honorartafel in Heft 2 des AHO[30] Baumaßnahme erfolgt in einem Abschnitt.	Tafelwert bei Regelsatz und anrechenbaren Kosten von 44.750,00 € = 3,3459 % 1.497,29 € hieraus 100 %	**1.497,29 €**
			Zuschlag für Umbau/Modernisierung für Leistungen der Örtlichen Bauüberwachung vereinbart mit 20 % auf das ermittelte Honorar	**299,46 €**
	Teilnahme an Sitzungen in politischen Gremien und im Rahmen der Öffentlichkeitsbeteiligung sowie individuelle Beteiligung von Betroffenen (Grundstückseigentümer und Anwohner) an Planung und Ausführung	Als Honorar ist vereinbart: nach pauschalen Sitzungssätzen	Sitzungen bis 4 h 2 à 400,00 € Sitzungen 4 bis 8 h 2 à 800,00 € Sitzungen über 8 h 2 à 1.000,00 €	**4.400,00 €**

29 Vgl. Heft Nr. 2 der Schriftenreihe des AHO, Kap. 4.

	Gesamtsumme Objekt 5 – Parkplätze an der Marktstraße **Honorar Grundleistungen und Besondere Leistungen netto**	**14.715,66 €**

Ausschuss der Verbände und Kammern
der Ingenieure und Architekten
für die Honorarordnung e.V.

Der AHO – Tradition und gewachsene Kompetenz

Der AHO Ausschuss der Verbände und Kammern der Ingenieure und Architekten für die Honorarordnung e.V. ist der Zusammenschluss maßgeblicher Ingenieurverbände, der Länderingenieurkammern Deutschlands und einiger Architektenkammern und -verbände. Als Fachverband wahrt und vertritt er die Honorar- und Wettbewerbsinteressen von Ingenieuren und Architekten.

Die Facharbeit des AHO wird in themenbezogen zusammengestellten Arbeitsgremien von hochqualifizierten Ingenieuren und Architekten ehrenamtlich geleistet. Im Mittelpunkt stehen die Diskussionen von Grundsatzfragen zum Honorar- und Wettbewerbsrecht, die Weiterentwicklung der bestehenden Leistungsbilder der Verordnung über die Honorare für Architekten- und Ingenieurleistungen (Honorarordnung für Architekten und Ingenieure – HOAI) sowie die Erarbeitung neuer Leistungsbilder. Beratungsergebnisse aus den einzelnen Arbeitsgremien werden in der Schriftenreihe des AHO als Praxishilfe für Auftragnehmer und Auftraggeber veröffentlicht.

Ausschuss der Verbände und Kammern
der Ingenieure und Architekten
für die Honorarordnung e.V.

Mitgliedsorganisationen im AHO

Verbände

abv Arbeitskreis Beratende Ingenieure – Vermessung – im BDB Baden-Württemberg

BAB Berufsverband freischaffender Architekten und Bauingenieure e.V.

BDB Bund Deutscher Baumeister, Architekten und Ingenieure e.V.

BDG Berufsverband Deutscher Geowissenschaftler e.V.

BDK Bundesverband Deutscher Baukoordinatoren e.V.

BDVI Bund der Öffentlich bestellten Vermessungsingenieure e.V.

BVPI Bundesvereinigung der Prüfingenieure für Bautechnik e.V.

BVS Bundesverband öffentlich bestellter und vereidigter sowie qualifizierter Sachverständiger e.V.

DVP Deutscher Verband der Projektmanager in der Bau- und Immobilienwirtschaft e.V.

IGVB Ingenieurverband Geoinformation und Vermessung Bayern e.V.

UBF Unabhängige Berater für Fassadentechnik e.V.

VBI Verband Beratender Ingenieure

VDI Verein Deutscher Ingenieure e.V.

VDV Verband Deutscher Vermessungsingenieure e.V.

VIV Verband der Ingenieurbüros für Verkehrstechnik e.V.

V.S.G.K. Verband der Sicherheits- und Gesundheitsschutzkoordinatoren Deutschlands e.V.

Kammern

Architektenkammer Baden-Württemberg

Architektenkammer der Freien Hansestadt Bremen

Architektenkammer Sachsen

Architektenkammer Thüringen

Architekten- und Ingenieurkammer Schleswig-Holstein

Architekten- und Stadtplanerkammer Hessen

Baukammer Berlin

Bayerische Architektenkammer

Bayerische Ingenieurekammer-Bau

Brandenburgische Ingenieurkammer

Hamburgische Ingenieurkammer-Bau

Ingenieurkammer Baden-Württemberg

Ingenieurkammer-Bau Nordrhein-Westfalen

Ingenieurkammer der Freien Hansestadt Bremen

Ingenieurkammer des Saarlandes

Ingenieurkammer Hessen

Ingenieurkammer Mecklenburg-Vorpommern

Ingenieurkammer Niedersachsen

Ingenieurkammer Rheinland-Pfalz

Ingenieurkammer Sachsen

Ingenieurkammer Sachsen-Anhalt

Ingenieurkammer Thüringen

Außerordentliche Mitglieder

BDIA Bund Deutscher Innenarchitekten e.V.

bdla Bund Deutscher Landschaftsarchitekten

SRL Vereinigung für Stadt-, Regional- und Landesplanung e.V.

VFA Vereinigung Freischaffender Architekten Deutschlands e.V.

Ausschuss der Verbände und Kammern der Ingenieure und Architekten für die Honorarordnung e.V.

Veröffentlichungen in der Schriftenreihe des AHO

Alle Hefte der AHO-Schriftenreihe verstehen sich als unverbindliche Honorierungsempfehlungen und Praxishilfen.

Die bisher erschienenen Hefte können – sofern nichts anderes angegeben ist – beim AHO direkt bezogen werden. Ihre Bestellung können Sie online unter www.aho.de/schriftenreihe oder per Fax unter (0 30) 31 01 917-11 aufgeben.

Alle Hefte werden kartoniert im Format 16,5 x 24,4 cm veröffentlicht. Alle angegebenen Preise sind Bruttopreise inkl. gesetzl. MwSt. zzgl. Versandkosten.

Nr. 1 **HOAI – Planen und Bauen im Bestand Arbeitshilfen zur Bestimmung der anrechenbaren Kosten aus mitzuverarbeitender Bausubstanz und des Zuschlags für Umbauten und Modernisierungen**
ISBN 978-3-8462-0990-5, 2., vollständig überarbeitete und erweiterte Auflage 2018, 200 Seiten, 32,80 €

Nr. 2 **Örtliche Bauüberwachung bei Ingenieurbauwerken und Verkehrsanlagen – Leistungsbild und Honorierung**
ISBN 978-3-8462-0431-3, 2014, 36 Seiten, 14,80 €

Nr. 3 **HOAI – Besondere Leistungen bei der Tragwerksplanung**
ISBN 978-3-8462-0767-3, 5. vollständig überarbeitete Auflage 2017, 72 Seiten, 16,80 €

Nr. 4 **HOAI – Besondere Leistungen bei der Planung von Objekten der Wasser- und Abfallwirtschaft nach Teil 3 Abschnitt 3, § 41 HOAI 2013**
ISBN 978-3-8462-0824-3, 3. vollständig überarbeitete Auflage 2017, 52 Seiten, 16,80 €

Nr. 5 **HOAI – Verkehrsplanerische Leistungen – Leistungsbeschreibung mit Honorarvorschlag**
ISBN 978-3-8462-0768-0, 2. vollständig überarbeitete Auflage 2018, 80 Seiten, 24,80 €

Nr. 6 **HOAI – Besondere Leistungen bei der Planung von Anlagen der Technischen Ausrüstung nach Teil 4 Abschnitt 2, Anlage 15, Nr. 15.1 HOAI 2013**
ISBN 978-3-8462-0317-0, 3. vollständig überarbeitete Auflage 2014, 64 Seiten, 14,80 €

Nr. 7 **HOAI – Besondere Leistungen bei der Planung von Ingenieurbauwerken nach Teil 3 Abschnitt 3, § 41 Nr. 6 (konstruktive Ingenieurbauwerke für Verkehrsanlagen) und Nr. 7 (sonstige Einzelbauwerke, ausgenommen Gebäude und Freileitungsmaste) HOAI 2013**
ISBN 978-3-8462-0436-8, 2. vollständig überarbeitete Auflage 2015, 52 Seiten, 14,80 €

Nr. 8 **Untersuchungen zum Leistungsbild und zur Honorierung für den Planungsbereich „Altlasten"**
ISBN 978-3-89817-914-0, 2. vollständig überarbeitete Auflage 2010, 76 Seiten, 21,80 €

Ausschuss der Verbände und Kammern
der Ingenieure und Architekten
für die Honorarordnung e.V.

Nr. 9 **Projektmanagementleistungen in der Bau- und Immobilienwirtschaft – Leistungsbild und Honorierung**
ISBN 978-3-8462-0189-3, 4. vollständig überarbeitete Auflage 2014, 228 Seiten, 36,80 €

Nr. 10 **GIS-Dienstleistungen, Teil A: Leistungsphasen nach GIS-Basissystemen**
ISBN 978-3-8462-0889-2, 2017, 32 Seiten, 16,80 €

Nr. 11 **Leistungen Building Information Modeling – Die BIM-Methode im Planungsprozess der HOAI**
ISBN 978-3-8462-1002-4, 2019, 80 Seiten, 24,80 €

Nr. 12 **HOAI – Arbeitshilfen zur Vereinbarung von Ingenieurverträgen für die Bearbeitung von Generalentwässerungsplänen (GEP)**
ISBN 978-3-8462-0437-5, 2. vollständig überarbeitete und erweiterte Auflage 2014, 64 Seiten, 14,80 €

Nr. 13 **HVA F-StB – Benutzerhinweise zur Verhandlung und Abfassung von Ingenieurverträgen (im Straßen- und Brückenbau)**
ISBN 978-3-89817-036-9, 2001, 28 Seiten, 14,80 €

Nr. 14 **HOAI – Tafelfortschreibung Erweiterte Honorartabellen (§§ 20.1, 21.1, 28.1, 29.1, 30.1, 31.1, 32.1, 35.1, 40.1, 44.1, 48.1, 52.1, 56.1, Anlage 1, Nr. 1.1 und 1.2)**
ISBN 978-3-8462-0710-9, 3. vollständig überarbeitete und erweiterte Auflage 2016, 60 Seiten, 21,80 €

Nr. 15 **Leistungen nach der Baustellenverordnung – Leistungsbild und Honorierung**
ISBN 978-3-89817-940-9, 2. vollständig überarbeitete und erweiterte Auflage 2011, 48 Seiten, 14,80 €

Nr. 16 **Untersuchungen zum Leistungsbild und zur Honorierung für das Facility Management Consulting**
ISBN 978-3-89817-841-9, 4. vollständig überarbeitete und erweiterte Auflage 2010, 128 Seiten, 28,80 €

Nr. 17 **Leistungen für Brandschutz – Leistungsbild und Honorierung**
ISBN 978-3-8462-0540-2, 3. vollständig überarbeitete Auflage 2015, 64 Seiten, 14,80 €

Nr. 18 **Planungsbereich „Baufeldfreimachung / Rückbau" – Leistungsbild und Honorierung**
ISBN 978-3-8462-0234-0, 2. vollständig überarbeitete Auflage 2014, 64 Seiten, 14,80 €

Nr. 19 **Ergänzende Leistungsbilder im Projektmanagement für die Bau- und Immobilienwirtschaft – Leistungsbild und Honorierung**
ISBN 978-3-8462-0049-0, 2. vollständig überarbeitete Auflage 2018, 328 Seiten, 41,80 €